江晓原作品集·外编

老猫的书房

第二版

江晓原 口述

吴燕 整理

上海交通大学出版社
SHANGHAI JIAO TONG UNIVERSITY PRESS

内容提要

书房是一种奢侈。时至今日，许多读书人还没有自己的书房。本书作者江晓原显然是一个完全实现了梦想的读书人。他很可能是中国第一个将档案馆的密集架搬进书房的人，他将住宅打造成拥有五万多册藏书和一万多部电影的"附带生活设施的小图书馆"。江晓原常年宅在其中，干他最喜欢的三件事情：读高雅书籍，看低俗影片，写雅俗共赏文章。他以猫的灵性和优雅，让这些藏书和电影生动起来。

图书在版编目（CIP）数据

老猫的书房 / 江晓原口述；吴燕整理. — 2版. —
上海：上海交通大学出版社，2018
（江晓原作品集）
ISBN 978-7-313-19836-5

Ⅰ.①老… Ⅱ.①江… ②吴… Ⅲ.①书房—介绍—
中国 Ⅳ.①G259.2

中国版本图书馆CIP数据核字（2018）第176362号

老猫的书房

口 述：江晓原		整 理：吴 燕	
出版发行：上海交通大学出版社		地 址：上海市番禺路951号	
邮政编码：200030		电 话：021-64071208	
出 版 人：谈 毅			
印 制：苏州市越洋印刷有限公司		经 销：全国新华书店	
开 本：710 mm×1000 mm 1/16		印 张：12.25	
字 数：161千字			
版 次：2009年12月第1版 2018年11月第2版		印 次：2018年11月第3次印刷	
书 号：ISBN 978-7-313-19836-5/G			
定 价：58.00元			

新版前言

江晓原

　　《老猫的书房》初版于 2010 年，讲述的是我和书的故事。这种将个人的学术成长和读书、藏书、写书、评书的趣事结合在一起的作品相当少见，也有相当的阅读趣味，所以出版之后颇受媒体关注，仅以我个人见闻所及，就有如下的书摘和评论：

《文汇读书周报》2010 年 1 月 15 日整版书摘

《全国新书目》2010 年 4 月（上半月号）书摘

《中外书摘》2010 年第 4 期书摘

《博览群书》2010 年第 4 期书评

《读者》2010 年第 10 期（五月下）转载书评

《出版参考·新阅读》2010 年第 7 期书摘

《秘书工作》2017 年第 1 期书摘

　　2015 年，《老猫的书房》入选上海市资助外译的四种作品之一，由韩国的 UU 出版社出版了韩文译本。2017 年，又获得了国家外译资助。

　　本书由我昔日的博士研究生吴燕在对我数次访谈的基础上整理而成，又由吴芸茜博士进行了精心编辑，成为一本既有相当的文化含量，又十分轻松有趣的图文书。此次收入《江晓原作品集》，成为"外编"系列的第一种，内容保持原状，仅有个别修订之处，但重新设计了版面，改善了书影和影片海报的印刷质量。

2017 年 3 月 4 日

于上海交通大学

科学史与科学文化研究院

目 录 | CONTENTS

题　解

　　小时候外婆在家里养着一只花猫，那时我打算将来40岁时自己也养一只猫，名字都预先取好了，准备叫"开普勒"（对，就是那个发现了行星运动三定律的天文学家）。结果我现在已经54岁了，猫还没有工夫养——事实上，我已经放弃养猫的打算了。

　　有一次记者曾问我这样一个问题：如果你给自己写墓志铭，会写什么呢？我写下的答案竟是：

他一直希望自己是一只愉快的老猫

　　这是我现在所向往的状态。我经常想象，在午后斜阳的书房中，一只慵懒的老猫在那些藏书与影碟中徜徉着、蹲坐着，思考那些古往今来稀奇古怪的事情——古埃及人相信猫是通灵的。

　　我以前在MSN上、现在在飞信上的签名都叫老猫。

和花生文化公司小院花猫在一起

前书房时代

　　有一次媒体采访时，问我少年时的理想是什么？我一时不知如何回答是好。我少年时浑浑噩噩，虽然比较早地喜欢上了读书，但是好像没有什么理想和抱负。后来努力回忆，想起我曾经有过一个"理想"，那就是希望自己能够经常读书，并且发表对所读之书的看法。那时我并不知道有"书评"此物，那时也没有"书评人"这样的角色。谁想到几十年后，这个算不上"理想"的"理想"，居然不知不觉在我身上实现了。

[西]斯蒂芬·霍金 编
张卜天 等译

站在巨人的肩上

物理学和天文学的伟大著作集
上卷

辽宁教育出版社

读书堂西征随笔

继承与叛逆

现代科学为何出现于西方

陈方正 著

Heritage and Betrayal:
A Treatise on the Emergence of Modern
Science in Western Civilization

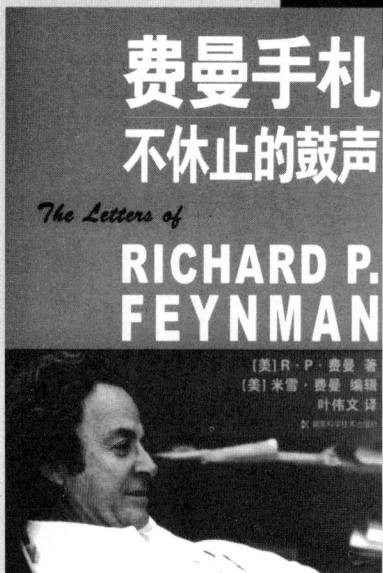

费曼手札
不休止的鼓声

The Letters of
**RICHARD P.
FEYNMAN**

[美] R·P·费曼 著
[美] 米雪·费曼 编辑
叶伟文 译

lolita

洛丽塔

VLADIMIR NABOKOV
弗拉基米尔·纳博科夫
主万 译

上海译文出版社

大多数爱好读书的人都会希望有一天拥有自己的书房，不过，在他们拥有书房之前，阅读生涯就已经开始了。这也许可以称作阅读生涯的前书房时代。多年之后回头再想，几乎每一次当我的人生面临选择的时候，我都可以从自己的阅读经验中获得答案。

1　雪夜闭门读禁书

当年秦始皇焚书坑儒，一切有"异端"思想或可能有助于造反的书都在严禁之列，然而张良仍能得到老人授给他的兵书，最终成了秦王朝的重要掘墓人之一。故后人有"夜半桥边呼孺子，人间犹有未烧书"的诗句。张良的故事可靠与否并不重要，但任谁也无法禁绝天下之书则是事实。

"文革"开始，文化惨遭浩劫，"封资修"（谓封建主义、资本主义、修正主义也，此语现在四十岁以上之人皆耳熟能详，年轻人则或许要查字典矣）涵盖了中国传统文化、西方文化和苏联东欧的社会主义文化，几乎所有的书籍都成了"毒草"，皆在禁止阅读之列。求知欲旺盛的年轻人若要读书，只剩下小红书和鲁迅的书可读。许多人都谈过那时无书可读之苦。然而那个时代也还有另一番景象。

——江晓原：回忆当年读禁书

1.1　爱上读书

小时候我不是一个好学生，这是让父亲最恼火的事情。那时候，我和绝大多数的男孩一样对阅读并无爱好，我热衷的活动和其他小男孩并无不同——打架、爬墙、逃课。有一次我们爬进了一个解放军的

现代环境保护运动肇始之作　　蕾切尔·卡森诞辰百年纪念

S i l e n t
S p r i n g

Rachel Carson
[美] 蕾切尔·卡森 著

吕瑞兰　李长生 译

上海译文出版社

The sedge is wither'd from the lake, And no birds sing,

寂静的春天

《寂静的春天》书影

读闲书要趁早
《红与黑》
《西厢记》
《唐璜》(拜伦长诗)
《古诗十九首》
《苦难的历程》(三部曲)

驻地，结果被发现遭到呵斥，不过这件事本身让我们几个小男孩都很有成就感，并因此而消弭了遭到呵斥所带来的沮丧。那个时候，我因为课堂纪律不好，一周六天课，几乎总有四天会被老师关着，放学不让回家。父亲那时是一位小学老师，虽然并不是我所上的那间小学，但两间学校其实相去不远——同一条马路上的第一小学和第二小学。两所学校的教师们会经常在一起学习，所以班主任总有机会告我的状，这曾让父亲恼火不已。

不过让我那时的老师大伤脑筋的是，我的作业做得很好，考试成绩也一直名列前茅。后来我想，如果当时我学习坏一点，老师应该不会那么恨我——纪律不好、学习不好可以当反面教材；纪律不好、学习好，让老师无话可说。

"文革"时我去了北京，当时十三四岁。那时候我姑母家大人都不在，就剩下比我小两岁的表弟，他现在已经是复旦大学的教授，在那时还只是十一二岁光景。后来，我们在重庆的姑母的孩子也来到北京。有一段时间，就是我们三个男孩一起过。那种生活有点像电影《阳光灿烂的日子》中的情形。

一个偶然的机缘，我在北京的姑母家见到了"扫四旧"劫余的《西游记》和《三国演义》。虽然直排繁体字我以前从未见过，但《西游记》的故事情节将我紧紧吸引住，我连猜带蒙，等看完上册时，已经自动认识了大部分繁体字，也习惯了直排。看完《西游记》，又看《三国演义》。正是这两部古典小说为我打开了最初的眼界，知道还有文学、历史的广阔天地。

几个月后，当我再回到上海时，就变得喜欢看书了。在当时，几乎所有的书籍都成了"毒草"，皆在禁止阅读之列。求知欲旺盛的年轻人若要读书，只剩下小红书和鲁迅的书可读。许多人都谈过那时无书可读之苦。但幸运的是，我在那时候并没有痛切地感受到。离开北京的时候我从姑母家带回了《水浒》；除此之外，我开始在家里疯狂地找书。"文革"一开始，父亲所在小学的图书室就被封闭，但父亲可以从保管图书的老师那里为我弄到书。他弄来的多数是西方文学名著。我每看完一本，赶紧再去换。在那个年头，能弄来这种书是多大的幸运！我母亲是机关干部，"文革"前她负责机关图书室的购书工作，"文革"既起，图书室也被封闭，书就交她看管，于是她就经常"监守自盗"，悄悄拿几本书回来给我看，看完后再去换。许多古典文学的入门书，如《中国历代文学作品选》《先秦文学史参考资料》《两汉文学史参考资料》《汉魏六朝赋选》之类，我就是这样读到的。更令人惊奇的是，在那个时代她竟能买到人民文学出版社出版的《三国演义》《水浒》《红楼梦》——当时她负责单位培训越南实习生的工作，辗转托人从越南买回来的。想想也有趣，那时我们这里已将这些"毒草"彻底严禁，却仍然出口到"同志加兄弟"的越南去"毒害"那里的人民（许多越南人都能读中文，而且很喜欢中国的古典文学作品）。

那段日子经常是这样过的：我父母白天上班，外婆在家，学校停课。我在家到处找书，甚至找到了在上海的表姐"文革"前用过的语文课本。她的高中语文课本里有《打渔杀家》《罗密欧与朱丽叶》等作品的片段。对那时候的人来说，这样的书就很好看了。

家里的书很快就不能满足我的欲求了。那个时候，谁有书就可以跟人交换。由于父母的原因，不久我就在小朋友中间有了一点名气，成为一个"能弄到书的人"。"能弄到书"在当时是一种珍贵的资源，拥有这种资源，就可以与人进行交换。小朋友们将他们弄到的书借给我看，我将我弄到的借给他们。渐渐地，我成了一个小小的中心，和好几条渠道保持着"单线联系"，不同渠道的书通过我这里完成交换。这样进行了一段时间后，我突然发现自己不用再去搞新的书了，因为那些书都要经过我的手，比如说我可以与甲、乙分别联系，在把甲的书借给乙的间隙读完，又把乙的书借给甲，再利用间隙看完，很多书就这样读到了。回头看来，当时自己可以自由读书很幸福，唯一的缺憾就是没有系统性和针对性，有什么就看什么。但这也不算是缺点，对于一个少年来说，有这么多书可以读本身就是一件很好的事情了。

在这种地下的借书交易中，周转时间通常都极短，一本书在手里的时间一般是三天左右，短的只有一天，甚至只有几小时。然而人人都极讲信义，几乎没有失约，更未遇到过拖欠不还之事。为了进行有效的管理，我专门建立了流水账，上面一笔一笔记录着谁借走了什么书，哪天还；向谁借了什么书，哪天还。（这些表格曾让我母亲一度十分担心，因为她据此猜测我参与了某些小集团。）再看看今天，朋友之间借书不还已成家常便饭，有人还翻出古人"借书一痴，还书一痴"的话头来作谈助，回想当年小伙伴之间的信义，能无愧乎！

在当时，欧阳山的小说也被列入禁书，母亲因此不准我看。但她这么一说，我偏就要找来看，并且很快通过和小伙伴换书找到了。过了一些日子，我忍不住告诉她说其实我都看过了。她很生气，说你尽看这些"毒草"，将来怎么办呢？

"雪夜闭门读禁书"一直是中国文人喜爱的境界。在那群书被禁的年头，能弄来种种"封资修"的"毒草"，闭门而读之，是何等刺激的事！这也正是我们那时能够极快地读完每一本书的原因。我曾经用一天时间读完《复活》，用半天读完《当代英雄》，而为了一本《安吉堡的磨工》，我和同学们创造了24小时之内5个人读完的记录——轮班接续着读，记得排给我的时间是午夜0点至次日凌晨4点。

对于我母亲弄来的那些古典文学书籍，因为停留在手里的时间可以稍长，我就抄录。我不仅抄录了几千首唐诗宋词，还抄录文章，甚至像潘岳《西征赋》、庾信《哀江南赋》这样的长篇作品，也全文抄录不误——而且还是用毛笔！那时我们都不敢想象这些书将来还有再次出版印刷的一天，而实际上几年之后，这一天就到来了。不过当年那一厚摞手抄本，我至今还保留着，因为这是人民和"文革"期间文化专制进行英勇斗争的历史见证。

如今读书已经不是那么有诱惑力、那么使人痴迷的一件事了。书太多，得来太容易，读书的劲头却远不及当年。回想当年偷读禁书，并无功利目的，所读之书，却深入脑海，沁入心田，此又非文化专制主义者始料所及也。

在这个阶段还有一件事比较重要，现在想来应该是对我日后的写作很有帮助：有一次，我不知道从哪儿搞来铁城广百宋斋图咏本《聊斋志异》，线装的，大概有16册。我当然看得兴味盎然，偶尔还会讲一个故事给外婆听，她很喜欢，于是后来就变成每天留出一个固定时间给她讲《聊斋志异》中的故事。为了让外婆听得愉快，我要选择一些有足够情节的故事来讲。最初我只是把故事翻成白话的口语讲给外婆听，后来发现效果不好——把文言的书面故事用口语来讲效果不一定好。外婆是旧式的家庭妇女、文盲，因此并不适合某些叙事方式，于是我就对故事做了一些改编。起先讲故事的时候我还需要拿着书，过不多久，我就不再需要看着书讲了。我给外婆讲故事得到的奖励是可以吃一两块饼干。讲故事有功，老太太就奖励我吃饼干，这本身也是一个很古朴的场景。

事后再来回想当年的情景，我发现在这个过程中我有两个方面都受到了锻炼：首先是叙事能力，我要把一个事情尽量讲得让老太太明白；另外一个则是在繁简之间掌握一个合适的度，哪些内容要讲得细致，哪些内容可以一笔带过，这种内容上的繁简增删也会影响讲故事的效果。

这个阶段其实是谈不到书房意识的，这个时候人们不敢谈书房。在那些日子里留下的比较珍贵的痕迹是我用毛笔抄了大量的东西，其中大多是古典文学作品。在这个阶段我还做了一件事，就是学习并掌握了古典诗词的格律。当时我想知道旧体诗词的格律，于是有一天就去问语文老师，结果遭到申斥，说这种东西是"封建糟粕"，你去学它干什么？而在当时，王力的《诗词格律》之类的书又搞不到。但我最终用了一个笨办法把最常用的格律都掌握了。我找来几十首律诗，将每个字的平仄声列出，从中寻找规律。当时我母亲见我的字纸篓中古典诗词格律具体示例：

李白：《憶秦娥·思秋》

簫聲咽，
○⊙▲
秦娥夢斷秦樓月。
○○⊙●○○▲
秦樓月，
○○▲
年年柳色，
⊙○⊙●
灞陵傷別。
●○○▲
樂游原上清秋節，
⊙○⊙●○○▲
咸陽古道音塵絕。
⊙○⊙●○○▲
音塵絕，
○○▲
西風殘照，
⊙○⊙●
漢家陵闕。
● ○○▲
——选自《白香词谱》

（注：○平声　●仄声　⊙可平可仄　▲仄韵）

绮兮娇上春。惊驷马之仰秣，耸渊鱼之赤鳞。造分手而衔涕，感寂寞而伤神。
乃有剑客惭恩，少年报士，韩国赵厕，吴宫燕市。割慈忍爱，离邦去里，沥泣共诀，抆血相视。驱征马而不顾，见行尘之时起。方衔感于一剑，非买价于泉里。金石震而色变，骨肉悲而心死。
或乃边郡未和，负羽从军，辽水无极，雁山参云。闺中风暖，陌上草薰。日出天而耀景，露下地而腾文。镜朱尘之照烂，袭青气之烟煴。攀桃李兮不忍别，送爱子兮沾罗裙。
至如一赴绝国，讵相见期！视乔木兮故里，决北梁兮永辞。左右兮魂动，亲宾兮泪滋。可班荆兮赠恨，惟樽酒兮叙悲。值秋雁兮飞日，当白露兮下时。怨复怨兮远山曲，去复去兮长河湄。
又若君居淄右，妾家河阳，同琼佩之晨照，共金炉之夕香。君结绶兮千里，惜瑶草之徒芳。惭幽闺之琴瑟，晦高台之流黄。春宫闭此青苔色，秋帐含兹明月光。夏簟清兮昼不暮，冬釭凝兮夜何长！织锦曲兮泣已尽，回文诗兮影独伤。
傥有华阴上士，服食还仙，术既妙而犹学，道已寂而未传。守丹灶而不顾，炼金鼎而方坚。驾鹤上汉，骖鸾腾天。暂游万里，少别千年。惟世间兮重别，谢主人兮依然。
下有芍药之诗，佳人之歌，桑中卫女，上宫陈娥。春草碧色，春水渌波，送君南浦，伤如之何！
至乃秋露如珠，秋月如圭，明月白露，光阴往来，与子之别，思心徘徊。
是以别方不定，别理千名，有别必怨，有怨必盈。使人意夺神骇，心折骨惊，虽渊云之墨妙，严乐之

当年抄书之一

三十四. 西征賦　潘岳（晋）

岁次玄枵，月旅蕤宾，丙丁统日，乙未御辰。潘子凭轼西征，自京徂秦。乃喟然叹曰：古往今来，邈矣悠哉！寥廓惚恍，化一气而甄三才。此三才者，天地人道。唯生与位，谓之大宝。生有脩短之命，位有通塞之遇。鬼神莫能要，圣智弗能豫。
当休明之盛世，托菲薄之陋质。纳旌弓于铉台，赞庶绩于帝室。嗟鄙夫之常累，固既得而患失。无柳季之直道，佐士师而一黜。
武皇忽其升遐，八音遏于四海。天

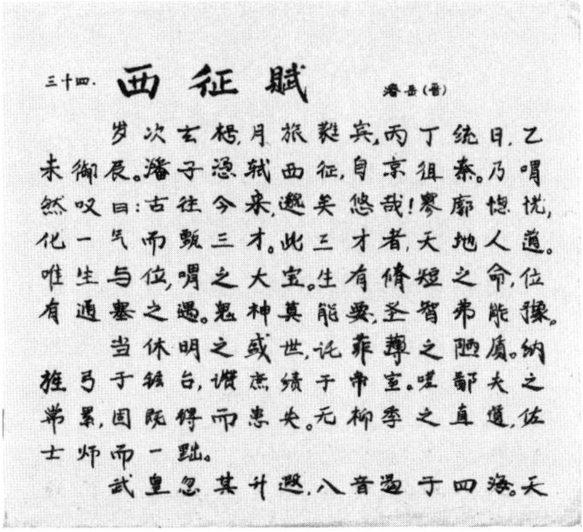

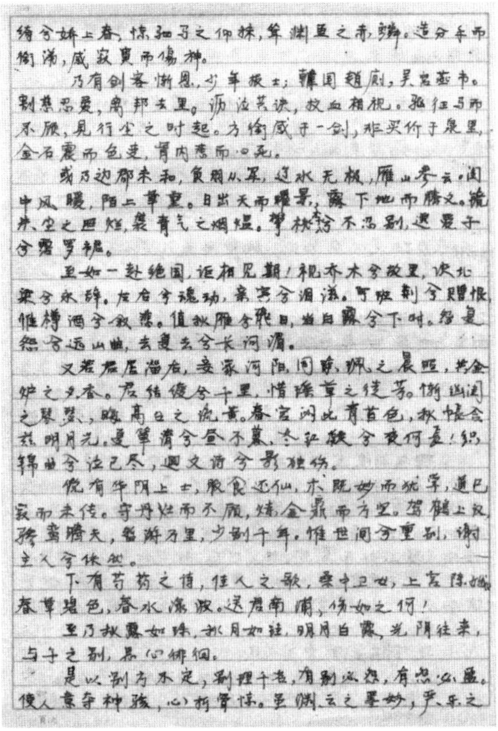

当年抄书之二

出现大量 56 格的表，里面填着圆圈和黑点，感到非常奇怪，不知道我又在搞什么名堂。"文革"结束后我买到了王力的《诗词格律》，对照了一下，我发现我用自己的笨办法竟然已经将旧诗格律完全弄懂，只有一个非常罕见的拗格没有发现。

1972 年，我进工厂成为一名电工。电工通常是倒三班，到中班和夜班的时候没什么事，就可以看书。我从小动手能力强，进厂半年就独立当班了。我的技术提高非常快，而电工的工作特点就是技术越高，工作时间越短。我很快就带了徒弟，有问题就让徒弟去，徒弟搞不定的时候打电话回来。这样一来，我看书的时间就更多了。徒弟不久也加入进来，经常是当班的时候我们俩都在看书。当然这些书也不能让厂里的人知道。当时，车间里有一个技工，他有一次在车间里看《简·爱》，被车间的人看到，结果挨了批评。

这时候已经进入"文革"后期，很多东西以内部出版物的方式印行。《你到底要什么》《核潜艇闻警出动》是我印象很深的两部作品。"你到底要什么"，在当时的环境下，这个问题其实也是我们经常要自己问自己的，因此这个小说的标题非常打动我。有一个署名"数帆老人"的博客曾以"伏尔加河上的灯火"为题回顾了那个时代在中国流行的苏联小说，其中就提到了这本《你到底要什么》：

> 在 1975 年，柯切托夫作为反面对象提到的这几个人物，对我来说是如此陌生，闻所未闻。我不会想到，写这段话的柯切托夫更不会想到，没过多少年，这几位被他当成文学垃圾废物一般嘲弄的曼德尔施塔姆、茨维塔耶娃、帕斯捷尔纳克、巴别尔是如此名震四方，他们的作品被挖掘出来是多么受欢迎，他们成为 20 世纪俄罗斯文学的骄傲，而对话中作为正面形象提到的那几部作品却被遗忘得干干净净，他本人则在文学史上成了不起眼的小丑一般的人物。历史就是这样无情，就算是文学史也是这般无情，且充满了戏剧性。

　　柯切托夫在中国的命运也同样具有戏剧性，在中苏两党两国从亲如兄弟的50年代，反目交恶的60年代，视若仇敌的70年代，到解冻修好的80年代，烟消云散的90年代，在每个十年里都有长篇小说中译本出版的苏联作家，除伟大的高尔基外，仅柯切托夫一人耳！他的著名作品《茹尔宾一家》《州委书记》《叶尔绍夫兄弟》曾在五六十年代的中国受到读者的热烈欢迎；而到了70年代，作为反面教材半公开出版的《你到底要什么》和《落角》风靡了中国青年，尤其是描写苏联另类青年生活又带点西方色彩的《你到底要什么》更受到追捧，连我这半懂不懂的少年读者也看得不亦乐乎。

　　《你到底要什么》的主要情节是几个西方文化人在苏联的活动，这几个人中有纳粹余孽，有白俄后代，有美国特务，他们在苏联接触各方面人士，大肆从事间谍颠覆活动，向神往西方的苏联青年推销灌输资产阶级生活方式，给未来和平演变的主力军下精神迷魂药，怂恿苏联青年丧失革命斗志、从事犯罪活动、乱搞男女作风问题，等等，再加上另一条情节线描写一位正统作家的遭遇，反映文化界两条路线的斗争，这两个情节构成这部内容庞杂的作品。

　　当年的中国读者看惯了战争题材、建设题材、工农业生产题材等模式化的小说，哪见过《你到底要什么》这种描绘文化界众生相的软绵绵的作品，何况还有这么浓厚的西方色彩！尽管是柯切托夫想象中的资本主义世界，那也是当年的中国青年从未见识过，充满了不可言喻的魅力，因此《你到底要什么》一时风头无两，折服了尚处于精神困境中的中国青年读者群。前不久我再次重温了这部少年时看得五迷三道的小说，不禁哑然失笑：这也叫资产阶级生活方式？这也叫西方文化？这也叫腐蚀青少年？柯先生啊，您老活过来看一看吧……

　　……

　　总体说来，《你到底要什么》反映了柯切托夫在1968—1969年的心态：对苏联现状的不满，对接受那么一点西方文化的焦虑，对苏联未来的不安全感，以及对自己长期陷身于文化斗争的苦闷，等等，现在来看，这些显得多么的小儿科。小儿科归小儿科，70年代读过这本书的人大概不会忘记当年那种难以描述的阅读快感。

　　这段文字引起了一些回应，其中包括对当年阅读苏联小说的回忆。尽管随着时间的流逝，人们在一些细节上已然说法不一，但无可否认的是，当年"你到底要什么"的困惑以及由这本书所带来的"难以描述的阅读快感"已成为一代人的集体记忆。

　　1976年10月，"四人帮"在北京倒台了，"四人帮"在上海的余孽计划在上海搞"巴黎公社"，要求所有基干民兵加入。我们厂当时有1 000多人，有一个基干民兵排，我也是其中的一员，有一支冲锋枪。当时基干民兵接到通知，有可能要按照搞"上海公社"的方案拉到前线去。那时候，我已经读了一些历史书，知道这件事的结果肯定是坏的；而且基干民兵怎么能跟正规军比呢，除了装备之外，在道理上也讲不通。但是在当时，一个基干民兵战士是不能违抗命令的，如果抗拒会受到惩罚。

　　要说怕死，我不怕，那时候才不过二十几岁。正好在此时，我看到了托尔斯泰的《苦难的历程》三部曲，讲的是旧俄知识分子的命运。小说中的两姐妹分别爱上了一个男子，一个是红军，一个是白军，这两个人当然处于一种敌对的状态，最后的结果是归入白军的人投向了红军。这个小说给我一个灵感——我当时要解决的一个问题是，如果要拉上前线，我要做什么，怎么办？后来我想好了，如果要拉上前线的话，我就带上我的枪向解放军投降。在我想好以后，有几天我很安静，但我没将此事讲给父母听，甚至我的困境也没对父母说起过，因为可能会引起他们的惊恐。但是没过多久，这个方案就不用

《THE ONE》海报

实行了：命令解除，我们也用不着上前线了。

虽然这个事情没有真的发生，但小说给我的印象非常深刻。这部小说就是父亲从小学的图书室借来的。"文革"结束后此书重印，我立刻就买了一套，但那只是出于一种怀念，那三本书自买来之后就再也没看过。

但阅读可以解决人生问题，这是一个重要的例证。

1.2　少年惊艳梅花谱

我进纺织厂当电工的时候，还是个不太懂事的 17 岁少年。我所在的这家工厂棋风甚炽，在当时的上海纺织行业小有名气。那几年，象棋成了我青春骚动期的梦中情人。我对象棋的痴迷程度，只要提一个细节就可见一斑：我家老式缝纫机上总是放着棋盘，盘中总是有正在拆解的棋局，我甚至在午夜梦回想起一着，就会起身到棋盘上去摆放参详。

就在这时读到了《梅花谱》，一种"惊艳"的感觉，让我一下就为之倾倒。

在中国象棋的布局发展史上，《梅花谱》被认为是一部里程碑式的著作。在此之前，以晚明棋谱《橘中秘》为代表的早期布局理论，一直认为在开局中，只能用当头炮对抗当头炮（顺炮或列炮），后手起码是无法抗衡当头炮的。而《梅花谱》一出，以八局精妙无比的"后手屏风马破当头炮"，宣告了"屏风马足以对抗当头炮"的布局新时代——直到今天，这一结论仍然是主流象棋布局理论所赞同的。

关于《梅花谱》的作者，我们所知甚少，只有书前的序中有如下一段信息：

> 安塞先生姓王名再樾，字正己，康熙时人，家贫，性刚直，力学不求闻达，而世亦无知之者。抑郁无聊，为象戏以消岁月。

得意疾书，爰成六则，遂名之曰《梅花谱》。其间纵横驰骤，不可端倪，真有行到水穷、坐看云起之妙，诚象戏之钜观也。

看来这是一位寂寞高手。当然，那时象棋也还不是真正能够登大雅之堂的游戏（直到现在居然还有人认为中国象棋的地位在国际象棋和围棋之下），所以那时的象棋高手也许很难不寂寞。

《梅花谱》八局"后手屏风马破当头炮"被认为是全谱最精华的部分。上来第一局"破巡河车吃卒用炮打象"就先声夺人，以大开大阖的阵势诱敌深入，弃子夺势，随后自己也单骑突进，直捣黄龙，一连串匪夷所思的精妙杀着，令先行的当头炮防御全线崩溃，最终被逼入绝境。此后七局，局局都有突破和创新，谓之"有行到水穷、坐看云起之妙"，信非虚语。由此一举奠定屏风马布局体系的地位。

在20世纪70年代，中国象棋的布局理论早已告别了初级阶段，杨官璘的三集《中国象棋谱》在1957—1962年间出版，代表了那个时代布局理论的高度（我当时读的是1974年第4次印刷的版本）。但是告别了初级阶段的布局理论，对于非专业棋手来说有一个很没劲的特点，那就是太平淡。因为现代布局理论中，双方都走"官着"，即不犯错误的着法，于是四平八稳，最终走向"官和"——大家都不犯错误的着法，当然只能导向和棋。

可是在《橘中秘》和《梅花谱》之类的古谱中，那些精妙的杀法之所以能够上演，恰恰是因为有一方犯了错误——尽管这种错误通常不容易被意识到，或者是业余棋手容易犯的。古谱中这种传统一直保持到清朝末年。这种"有人犯错误"的棋谱，对于业余棋手来说有着更大的吸引力，因为那些精妙绝伦的杀法会给读者以极深的印象；而那些导致精妙杀法能够上演的错误，也会因此被深深印入读者的脑海。

《梅花谱》被视为里程碑式的作品，并不是仅仅依靠八局"后手屏风马破当头炮"。在传统的斗炮局中，《梅花谱》也有极高的造诣，可以说它将《橘中秘》所代表的早期斗炮布局也推到了全新高度。它的"顺炮直车破横车"五局、"顺炮横车破直车"五局和"列手炮"五局，着法雄浑有力，同时却处处充满机巧，令人叹为观止。这里我可以举一个亲身经历的例子。

我当年的象棋水平，在所工作的纺织厂，排不进前五位（当年全国冠军胡荣华来我厂举行表演赛——他一人以盲棋同时对抗我厂五人五局明棋——我就未能入选），但也许是因为我们厂棋风甚炽，我在1978年春进入南京大学后，居然四年都忝列校学生象棋队的成员。虽然我在校队排名最后（第七名），但在四年间对校外比赛竟保持了不败纪录。记得有一次比赛中，《梅花谱》就大放光彩。

那次是我们与南京师范学院（今南京师范大学）队比赛，我抽签抽到的对手，据说是那年他们的全校亚军。比赛开始后，走到第八回合，对方陷入沉思，我就去洗手间了。一个队友悄悄跟进来，低声对我说：你怎么能那样下？太危险了！我对他说：你看好，我回去他就会投降。队友将信将疑。我回到棋局，对方继续思考了几分钟后，果然投子认输！这时相邻各台都还刚刚开局，我这台居然八个回合就在众人惊异的目光中奏凯收兵。

这一局我就是采用了《梅花谱》"顺炮直车破横车"第一局一个变例中的着法，让对方落入了陷阱。虽然他右炮沉底并吃去我未动的左马，对我左路形成凌厉攻势，然而我的双炮和右车引而不发，已经对他构成绝杀。当他开始长考时，已经意识到情形不妙，但长考的结果使他看到无论怎样挽救都已经无济于事，所以决定不再死拼下去，而是早早投子认输，接受一个体面的失败。

但自从念研究生以后，我对象棋的兴趣烟消云散，棋艺自然也早已不复当年。如今我电脑中有电子版《梅花谱》以及许多其他象棋古谱，偶尔在电脑上打打谱，或参详一番高手对局，那也只是一种怀旧情结了。

《梅花谱》书影

《梅花谱》有多种排印本。中华书局1926年排印本，校阅者居然是吕思勉。10年后的第6次印刷，当时定价"国币"三角，如今网上旧书索价140元人民币。

1.3　张庆第先生

　　也是在这个阶段我遇到了一位"老头"，他后来成为我的忘年交。那是在"文革"后期，我参加一个写作的培训班，他负责给我们讲写作的课。这个班对我的写作并没有什么提高，但正是通过这次偶然的机会，我和他成了朋友。在当时，他周围的人——特别是在政治上"要求上进"的人——对他仍是躲得远远的，因为他身上"牛鬼蛇神"的印记还远未洗干净。我是政治上毫无"上进心"的小青年，只是觉得他学问好，就愿意和他交往，遂成忘年之交。

　　张庆第先生，祖父一辈曾是清朝的大官，家中又广有资财，所以年轻时过着裘马轻肥的公子生活，虽称不上旧王孙，至少也是旧家子弟。他先在北京读书，后来到上海进大学念国际关系。据他自述，那时青年学生以思想左倾为时髦，所以他白天参加学生运动上街游行甚至拿瓶子砸警察，晚上却照样进舞厅跳舞"鬼混"。学校的学生剧团排演曹禺的《雷雨》——据说这是该剧的首次演出，他扮演的角色竟是鲁大海，也真可以算是讽刺了。

　　因为他有表演才能，后来抗日军兴，他成了四支抗日演剧队中一支的副队长，军衔是中校。这番"国民党反动军官"的经历（尽管那支演剧队的正队长是共产党员），后来成了他在"文革"中被整的重要原因之一。抗战后他大约是在当时的政府机关里做事，1949年他成为相当高级的留用人员。但像他这种出身不好、有"国民党反动军官"经历、又有复杂海外关系的人，不可能被信任，不久就被发配到上海一个二三流的高校去，投闲置散，教教英语和中文。

　　"大鸣大放"时，他坚决不向领导提意见，哪怕为此挨批评也不提，因为他的历史和政治常识告诉他，提了是不可能有好下场的。结果被他躲过"反右"这一劫。但"文革"这一劫没人躲得过，他只好把当年的演剧才能重新启用，用他自己的话说就是"不要人格，不要

科学史经典系列

A SOCIAL HISTORY OF TRUTH

真理的社会史

——17世纪英国的文明与科学

[英]史蒂文·夏平 著 赵万里等 译

Civility and Science in Seventeenth-century England

江西教育出版社

《真理的社会史》书影

尊严"，整天表演低头认罪，而且还能认出"新意"来。"检讨""交代"之类的东西，写好七份存着，每次轮流抄写了交上去——那时当然没有电脑，否则"复制""粘贴"，还要省事多了。

张庆第先生是我在进大学之前接触的唯一一个文化人，对我当时的阅读起了某种引导作用。认识他的时候，我正疯狂地阅读中国古典文学作品，同时还猛读来自苏联的"内部读物"，如《你到底要什么》《核潜艇闻警出动》《赫鲁晓夫回忆录》之类。有一天他忽然对我说：小江啊，人家讲"封、资、修"，我看你"封"和"修"的毒已经中得不少了，幸好"资"的毒中得尚不深。我初听这话有些莫名其妙，回味了几遍后突然省悟——他这是在开导我，让我注意读西方的东西啊。于是我又开始猛读西方文学名著，《约翰·克利斯朵夫》《白痴》《当代英雄》《唐璜》《艾凡赫》《巴马修道院》……读得昏天黑地。

在考大学报专业的问题上，他给了我最珍贵的建议。

那时周围的人都认为我是天生的"文科坯子"，自然应该考文科。我自己则因理科的东西自学起来比较困难，反而想报理科——我想有老师教着学，就会比自学容易。父母则担心文科要"闯祸"，也倾向理科。举棋不定，我就去问计于他。他对我说，你学文科理科都能行——我算是做过他几个月的学生，他知道我的底细。但是，他加重语气说道："我告诉你，学了理再去搞文，完全可以；而学了文再去搞理的，我从未见过。"就是这句话，使我立刻下了报考理科的决心。多年后回首往事，他那句话的反例我确实一个也未见到过。而我此后一直在文理交界处行走，并能以此谋生，在很大程度上是拜他那句话所赐。

我从上大学开始，直到去北京念研究生，前后十年，每次放假回上海都要去看他，和他聊上几个钟头。和他聊天是一种类似"精神迷幻"的过程——他总是将你带到昔日的世界中去。他随意回忆、评点过去那些包括他自己在内的人和事，议论滔滔，神游万里。从民国政要的私生活到地下党，从前辈文人到上海滩的大流氓（他曾写过一个关于黄金荣的剧本）。他还有中国文人"秀才论兵"的传统嗜好，可以详细介绍"二战"时美国太平洋舰队的兵力配置，司令是谁、旗舰是哪艘、舰载飞机多少架、型号是什么……眉飞色舞，如数家珍。受他的影响，我后来也开始收集、阅读一些战争史方面的书——这也是与我的科学史本行有关系的。"秀才论兵"确实别有滋味，难怪《舰船知识》《现代兵器》之类的杂志一直颇有销路。

他自称平生"五毒俱全"——其中包括烟、酒、茶。他抽很凶的烟，有时还要用烟斗抽烟丝；中、晚两餐必喝酒；茶必是极浓的苦茶。我每次去他亦必以如此苦茶待我，初嫌其苦，后来渐渐习惯，竟喜欢起来。可是这烟和酒终究害了他——晚年他得了喉癌，手术之后，声带几乎不能发声。这时我去看他，他就只能用写字板和我交谈了。这对于一个一辈子谈锋健利的人来说，是多么别扭的一件事。

他曾对我说，他自己这一辈子，年轻时吃喝玩乐，后来虽然挨整，但也劫后余生，有了安静的晚年。特别是，他一辈子都没缺过钱——早年花父母的，中年花自己挣的，晚年花在海外的儿孙的。想想自己也不是圣人，比如也曾对爱情不忠诚过，如今受些病痛，权当是上帝的惩罚，所以安然受之。但是他身体依然强健，八十开外的人，照样可以骑着自行车上街转悠。

在我搬到现在这处房子的那一年，我想起已经有半年没去看他了，如今新居离他家很近，正好可以多走动，就打电话告诉他。电话是他老爱人接的，她声调悲戚，第一句话就是：张老师走了！

1.4　高考

1978 年初，我阅读生涯的第一个阶段结束了。

事后再来回顾，在我的阅读生涯中，这是最重要的阶段。没有它，我就考不上大学。因为正是在这个阶段，我一直保持着某种读书的状态，所以到 1977 年高考到来的时候能够抓住它。

科学素养文库·科学元典丛书

关于托勒密和哥白尼
两大世界体系的对话

Dialogue Concerning the Two Chief World Systems: Ptolemaic and Copernican

[意大利] 伽利略 著　周煦良 等译

科学元典是科学史和人类文明史上划时代的丰碑，是人类文化的优秀遗产，是历经时间考验的不朽之作，它们不仅是伟大的科学创造的结晶，而且是科学精神、科学思想和科学方法的载体，具有永恒的意义和价值。

北京大学出版社

_____

《两大世界体系的对话》书影

　　1976 年的最后一届推荐工农兵学员，当时我所在的那家纺织厂有一个名额，我已经获得了这个名额，但我们电工组的一位王师傅私下向我提出，能不能将这个名额让给他，他说他已经 35 岁了，明年就没有机会了，而我还年轻，以后有的是机会。按理说，他这个要求，在那个时代无异于与虎谋皮，但我竟同意了。我这样做的原因，说出来恐怕很少有人能够相信：我那几天正在看《赫鲁晓夫回忆录》，这本书在当时也在禁书之列，里面说到赫鲁晓夫 35 岁那年才进工学院，因为上大学的年龄限制是 35 岁。我和这位师傅平时关系又挺好，一时感动，就"崇高"了一回，第二天去找党委，明确表示愿意将名额让给这位王师傅，于是他就去上了大学。

　　到了 1977 年，"文革"结束后的第一次高考举行。当我知道要高考的时候，距离高考只剩下三个月时间。我通过各种关系找来高中课本，读了一遍。当时，我因为不肯参加"批邓"，而辞去党委秘书之职回到车间做工人。这让我有更多的时间看书，但也因此被厂里许多人误会，以为是我犯了错误而被调回车间。我当时的女朋友在另一间工厂上班，当这样的传言最终传到她那里之后，她离开了我。

　　考试的结果是语文 94 分，政治 90 多分，数学 60 多分，化学不及格，物理满分——这个满分应该是做电工的经历给我带来的另一个收获了。当时还是先填志愿后考试，我填报志愿的时候完全是随机的：我拿一张登载着上海地区 1977 年招生院校及专业名单的《解放日报》，看哪个专业顺眼就填哪个。记得当时填的三个志愿依次是：南京大学天体物理、华东师范大学电工物理、青岛海洋学院海洋物理。填过志愿考过试之后，我才知道原来南大天文系是中国最好的天文系，"文革"前每年在上海只录取一到两名学生。当时我想完了完了，要再考一年了。正当我沮丧地重新复习时，我被告知居然考上了。我是那年南大天文系在上海录取的两名学生之一。

2　学生时代

> 江晓原同志……大学读的是天体物理，与物理学有密切的血缘关系，研究生也是科学史，且是中国自己培养的第一个天文学史博士。按照我那反动的出身论，该同志不该有如此士大夫行状。一看江同志的自述，方知究竟。原来该同志上大学的时候，每天左手推天文公式，右手临孙过庭之《书谱》，口里却在吟诵《左传》《国语》，这就使该同志的母乳中混入了奇妙的成分，无论发生多么怪异的化学反应，喂出多大的妖蛾子（妖与蛾子之混血——书生注）都不让我奇怪了。
>
> ——笑书生：东日西雨，亦科亦文

2.1　《西厢记》

上大学的时候正是思想解放的年代，所以在大学的那几年，我也读了很多专业之外的书。我大学时的专业是天体物理学，课业很重，上学第一年尤其辛苦。那时，我是天文系 77 级 19 个同学里唯一一个没念过高中的学生，所以要借了高中课本来补课，到第一个学期结束时，我的高数考了 65 分。回家的时候，母亲看我瘦得厉害，很担心我能不能坚持下来。但我自己信心十足，能用三个月学完别人要学三年的高中课程，进大学后这点差距应该可以赶上。

从第二年起我就完全跟上了。此后我的成绩一直维持在第九、第十名的位置上，当时和我一样维持在第九、第十名的是严俊，他现在是国家天文台台长。

在经过第一年的苦读之后，后来的几年学业渐入佳境，这让我有时间做一些专业之外的事——下棋、练字、读古典文学的闲书。

有一段时间，我被《西厢记》迷得神魂颠倒。从"王西厢"到

"董西厢"，从《会真诗》三十韵到赵德麟商调蝶恋花，我尽力收集一切与《西厢记》有关的材料，甚至对元稹的艳诗也情有独钟起来——因为其中有"闲读道书慵未起，水晶帘下看梳头""忆得双文衫子薄，钿头云映褪红酥"之类被认为与《西厢记》的故事蓝本《莺莺传》有关的篇章，而《莺莺传》又被认为是元稹的某种自传内容。

虽然我读的是天体物理专业，但是我一贯有不务正业的毛病，又很早就喜欢香艳诗词，而且对这一点不自讳言。那时我首次从汪辟疆校录的《唐人小说》中读到了《莺莺传》，不过当时吸引我的主要内容却是其中的"河南元稹亦续生会真诗三十韵"，那是一首非常工稳的长篇五言排律，在唐人作品中也不多见。诗中"低鬟蝉影动，回步玉尘蒙""眉黛羞偏聚，唇朱暖更融"这样的意境，已经令我击节叹赏；而"汗流珠点点，发乱绿葱葱""衣香犹染麝，枕腻尚残红"这样的香艳，也让我喜欢；结尾处"海阔诚难渡，天高不易冲。行云无处所，箫史在楼中"几句，意境高远，更是让人吟诵不绝于口。

有了这样的铺垫，等我看到王实甫的《西厢记》时，自然一口气就看完了第一遍。当时我就能将其中许多段落背诵下来，竟不用看第二遍——可惜的是，我似乎只是对香艳的作品才有这样好的记忆力。而当我吟诵着"怎当他临去秋波那一转！……春光在眼前，争奈玉人不见，将一座梵王宫疑是武陵源"这样旖旎的词句时，那些枯燥的天体物理学公式早就被忘到脑后去了！

后来我发现，其实《西厢记》不仅仅是一部元杂剧，它可以作为中国古典文学一个非常独特的切入点——从这里进去，唐传奇、唐诗、宋词、元杂剧，一气贯穿。元杂剧中取材于唐传奇的当然还有，但是崔莺莺的故事太迷人了，从这个故事中获取资源的创作活动持续了好几百年。更何况《西厢记》文辞之高华优美，几乎登峰造极，而与它有关的材料，也无不香艳旖旎之至。

我相信每个人都会遇到一些可以让我们在年轻时感动、在中年后怀念的书，对我来说，《西厢记》就是一部这样的书。年轻时的感动

《西厢记》书影

1979年，《读书》创刊，成为当时思想界与读书界的一件大事。创刊号上刊登了一篇题为《读书无禁区》的文章，作者李洪林，时任中宣部理论处处长。"人民有没有读书的自由？"这是该文提出并讨论的一个中心问题，其发表后在读者中引起了热烈反响与争论。

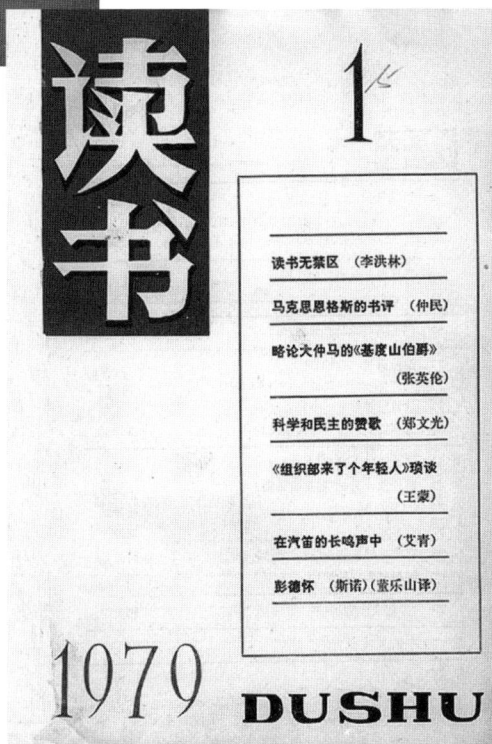

读书　1

读书无禁区　（李洪林）

马克思恩格斯的书评　（仲民）

略论大仲马的《基度山伯爵》
　　　　　　　　（张英伦）

科学和民主的赞歌　（郑文光）

《组织部来了个年轻人》琐谈
　　　　　　　　（王蒙）

在汽笛的长鸣声中　（艾青）

彭德怀　（斯诺）（董乐山译）

1979　DUSHU

《读书》创刊号

已如上述，至于中年后的怀念，我主要是怀念那时读书的心境——毫无功利色彩，仿佛时光倒流，缓缓阅读，深深感动，真可以说是表面安静，内心狂野。这样的心境如今再也没有了！

正是在南大读书的时候，我开始有了藏书意识。那时候，"文革"已经结束，很多书恢复出版了。在当时，我是天文系最有钱的学生，因为我是带薪上大学，每个月65元的工资，这比系里一些青年教师的工资还要高。那时我经常做的"豪奢"之举，就是买书。南大校门口有一家书店——南京山西路新华书店在此开的分店，那是我经常去淘书的地方，大量文史方面的书都是在那个书店买的。

比如上海古籍出版社1980年出版的《李白集校注》，一套4册，7.40元；中华书局1977年影印的《文选》，全套3册，5.40元。当时一般的书价，每册都还在1元以下。而当时南京城里大学生的生活费用，一般每月有20元就可以应付，30元就可以相当宽裕了——当然，如今诱惑大学生花钱的种种花样，那时还都没有。所以我当时买这些书，在同学们眼中是双重的"豪奢"：一套书可以用掉一周半月的饭钱，一也；作为一个天体物理专业的学生，竟肯重金买这些"不相干"的"古书"，二也。

从南大毕业的时候，我已经有很多书了。我把这些书装箱托运到北京，因为我将在北京读研究生。再一次地，阅读，特别是专业之外的阅读，使我轻松地通过了研究生考试。

当时，我最初的想法是报考复旦大学先秦文学专业，并为此做了许多准备，但是快到考试时我才知道，我要报考的导师因病取消了招生。回到宿舍后，一位同学对我说："我看到一个奇怪的专业，考三门课：天文学导论、中国通史和古代汉语，这三门对你来说不是都很合适吗？"我一查是席泽宗先生招生，这是我第一次听说席先生。做出决定之前，我去征询了系副主任卢央先生的意见，卢先生说"你想考老席算是考对了"。据卢先生说，席先生是第四年招研究生了，前三年一个学生也没招到。我一听便去报名，那时是大四的第一学期，

王府井书店首次开架售书

1978 年，王府井书店首次开架售书。图片来源：中国新闻出版网

王府井书店 1978.5.1 场景

1978 年 5 月 1 日部分名著解禁，王府井书店的购书场景。图片来源：《中国新闻周刊》2006 年第 43 期，第 95 页（2006 年 11 月 20 日）

到第二学期的时候，我拿到了录取通知书。

考前我曾经给席泽宗先生写了一封信，问这个专业算理科还是算文科，因为这牵涉到政治课考试要用哪一张试卷。席先生看了那封信，曾对卢央说："这个学生倒像是学文科的。"后来席先生对我说，我的古汉语成绩是所里有史以来最好的，总的考分也很高。

我当时并不懂得考上席先生的研究生的意义，也根本不懂什么是科学史，不了解科学史界。原来席先生是中国科学史界的泰斗人物，我误打误撞，倒是找了一位很好的导师。

2.2 科学史

1982 年，我从上海去北京，到中国科学院自然科学史研究所念科学史专业的研究生。在当时，科学史在国内并非显学——事实上到今天也不是。

在中国，虽然科学史研究的萌芽可以上溯到两千年前，但通常认为，真正具有现代专业形态的科学史研究，到 20 世纪初方才出现。而在 20 世纪上半叶这段时间里，中国具有专业形态的科学史研究，基本上还只是学者个人的业余活动。因为从事科学史研究的学者还必须靠其他职业谋生——著名的如李俨先生靠铁路工程师谋生，严敦杰先生靠会计工作谋生，等等。科学史这一学科在中国的建制化进程的第一步，是 20 世纪 50 年代"自然科学史研究室"的设立——这意味着国家已经为科学史研究设立了若干职位，或者说，可以有人靠从事科学史研究谋生了。"文革"结束后，该研究室升格为中国科学院自然科学史研究所，长期被视为国内科学史研究的正统机构。但是，甚至直到 20 世纪 90 年代，中国科学院自己的不少官员都并不知道有自然科学史研究所这一机构，所里派员去院部办事时，不止一次遇到官员问：咱们还有这样一个所吗？

与科学史专业在国内的处境相应的是，国内在与科学史有关的

北京大学科技哲学丛书

哥白尼革命

——西方思想发展中的行星天文学

〔美〕托马斯·库恩 著

吴国盛 张东林 李立 译

北京大学出版社

《哥白尼革命》书影

图书出版方面也较其他领域的图书更为冷清。但也还是能找到一些，《科学史》就是其中之一。

那是在我刚到北京读书之初，有一天在叔叔家见到商务印书馆出版的英国人丹皮尔（Sir William Dampier）写的《科学史——及其与哲学和宗教的关系》（*A History of Science and Its Relations with Philosophy and Religion*）一书，顿时心跳加速，想到自己现在开始做科学史这一行了，这类书可是不能不看的啊。那时叔叔正开始在中组部负责关于科技工作者政策方面的工作，所以倒是对我带着路上看的一本书（书名已记不得了）感兴趣，于是叔侄俩交换了书——叔叔将丹皮尔的《科学史》送我，我将那本涉及科技政策的书给了他。从此，这本精装的《科学史》伴随我度过了学习科学史的"菜鸟"阶段，至今仍在我书架上。虽然它的纸张已经发黄变脆，而后来商务印书馆也印刷过它的新版（再往后还有广西师大出版社的新版），但我一直不舍得换纸张更好的新版，因为在这本旧版发黄的纸页上，画满了我当年留下的红、蓝标记和写在空白处的笔记，即使仅仅为了怀旧，也不忍弃之。

1988 年我通过博士论文答辩，成为中国第一个天文学史专业的博士，就在中国科学院上海天文台工作，这使我又有机会和丹皮尔的《科学史》结下另一段缘分。《科学史》中译本的译者是李珩——他是中国科学院上海天文台的首任台长，那时早已年迈卸任，但我还赶得上在他归于道山之前趋府叩谒。我当年的"枕中鸿秘"之中，有三种是李珩翻译的（除了《科学史》，另两种是当容的《球面天文学和天体力学引论》和弗拉马利翁的名著《大众天文学》），所以心中自然对李珩颇为崇敬。记得那天李老先生谈兴甚浓，谈到了他翻译工作的往事。我虽大部分时间只是洗耳恭听，但感觉如沐春风。这天在李珩家中，我还见到了另一位大名鼎鼎的翻译者，即小说《红与黑》的中译者罗玉君——她是李老先生的太太。我是在"文革"中"地下读书"时看的《红与黑》，它曾经给我带来极大的震撼。可惜我那天没有想

公元前六百年至公元一千四百五十年宗教、哲学和社会背景下的欧洲科学传统

[美] 戴维·林德伯格 著

西方科学的起源

THE BEGINNINGS OF WESTERN SCIENCE

《西方科学的起源》书影

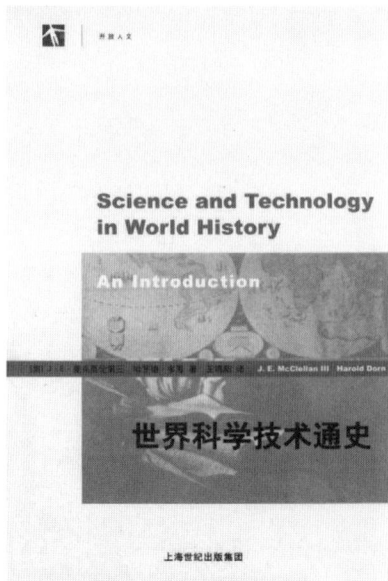

开放人文

Science and Technology in World History

An Introduction

[美] J. E. 麦克莱伦第三 哈罗德·多恩 著 王鸣阳 译 J. E. McClellan III　Harold Dorn

世界科学技术通史

上海世纪出版集团

《世界科学技术通史》书影

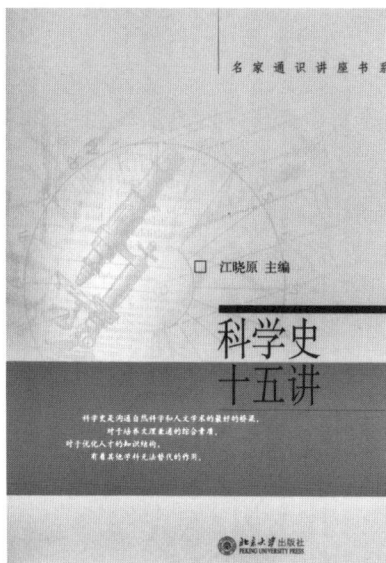

名家通识讲座书系

□ 江晓原 主编

科学史十五讲

科学史是沟通自然科学和人文学科的最好的桥梁，
对于培养文理兼通的综合素质，
对于优化人才的知识结构，
有着其他学科无法替代的作用。

北京大学出版社
PEKING UNIVERSITY PRESS

《科学史十五讲》书影

吴国盛 著
北京大学出版社

科学的历程

第二版

《科学的历程》书影

科学通史重要中文书目：
　《科学史——及其与哲学和宗教的关系》
　《西方科学的起源》
　《世界科学技术通史》
　《剑桥插图世界科学史》
　《认识方式：一种新的科学技术和医学史》
　《科学史十五讲》
　《科学的历程》

到将这几本书带去请他们签名留念。

现在有不少人感到，作为一部科学通史，丹皮尔的《科学史》已经过时。在某种程度上确实可以这样说——毕竟这本书初版于1929年，距今已经80年了。但我却并不认为它已经可以由后来的科学通史著作完全替代。例如，这本书的副标题"及其与哲学和宗教的关系"，就表明了一种开放的视野，而这种视野恰恰是我们的教育长期欠缺的。所以直到今天，这部《科学史》至今仍是我们上海交通大学科学史系研究生报考科目"科学史导论"的指定参考书之一。这都是后话了。

2.3　淘书路线图

研究生时期住的条件好了，可以有更大空间买更多的书。我研究生时的工资46元，比上大学的时候少了很多，所以有时候看到一些很贵的书——比如《马王堆汉墓帛简书》《泰晤士世界历史地图集》，虽然喜欢却也不免犹豫。不过我在研究生阶段开始写一些东西，可以挣到稿费，这让我能买书买得比较爽。

改革开放之初，对图书的种种禁锢才刚刚打破，有些在今天看来实在是太平淡无奇的书籍，那时即使出版了，也要"内部发行"，甚至要提供某种"单位证明"才能买到。记得1983年商务印书馆出了一本《理想的冲突——西方社会中变化的价值观念》，就是要出示证明才能购买的，那时我好像是从研究生院的老师那里忽悠了一个什么证明（细节记不准确了），才将它买回来。

在这种氛围中买回来的书，读起来的感觉，和今天轻易到手的书是大不一样的。

今天重新翻开当年那本《理想的冲突——西方社会中变化的价值观念》，发现上面画满了红色的直线、波纹线、斜的连线（连接两个相关的概念或事物）、框线（将某一段重要的话框出来）等，最后一

A HISTORY OF
Technology

技 术 史

主编

查尔斯·辛格

E·J·霍姆亚德

A·R·霍尔

主译

王 前

孙希忠

第 I 卷
远古至古代帝国衰落

史前至公元前 500 年左右

上海科技教育出版社

牛津大学出版社授权出版

《技术史》书影

页上记着"1984.2.14.17:30读毕"字样，足见当时阅读是多么认真。这本书算不上特别好，但当时国门初开，对于我们这些求知若渴的年轻人来说，确实是一本了解西方重要思潮的不错的入门书。

在北京读研究生的时候，我和同学们喜欢做"联络图"：在一张北京地图上找到尽可能多的中国书店营业部，然后设计一个路线，可以经过最多的营业部。有一天我需要用到当容的《天体物理学与球面天文学引论》，于是就按照线路图出去"搜书"，但是搜了差不多一天也没找到。那会儿已经是下午3点多了，我看见旁边一个电影院，正在上映潘虹主演的电影《杜十娘》。于是决定去看电影。买好了票离开演还有半小时，便在街上逛，结果发现一个很小的中国书店营业部，它并不在我们的"联络图"里。在这家书店竟然找到当容的那本书，是一本打折的旧书，但书看上去还是很新的。事后再想，假如那天不是因为看电影很可能就买不到这本书了。

至于那册曾标价75元而令我不敢问津的《泰晤士世界历史地图集》，我在10年后终于将它买回了家。其时此书标价为240元，书店将这个价签直接贴在1985年印刷的书上，将原来的定价覆盖住，我没有犹豫就买了一册。回家把玩时，因为书印得十分精美夺目，9岁的女儿也被吸引过来，我就对她说起此书当年定价75元的往事，她脱口说道：你这傻瓜，75元时不买，现在240元倒去买？我说75元时我买它就得两个月不吃饭，而现在240元毕竟只是我一个月工资的一小部分。此一时彼一时也。

《泰晤士世界历史地图集》（*The Times Atlas of World History*），由Geoffrey Barraclough主编，伦敦泰晤士图书公司1978年初版。参加执笔者共72人，几乎全是牛津、剑桥、伦敦大学或大英博物馆等著名学术机构中的学者。中译本由邓蜀生编辑，8开精装，全书除索引部分外皆为彩色图版，由泰晤士图书公司提供全套胶片，上海中华印刷厂印刷装订，印刷质量之高，在十余年后

《泰晤士世界历史地图集》书影

的今天，仍然遥居一流。

全书主要包括如下几大部分：

世界历史大事年表

世界历史地图

专名汇编

索引

"世界历史大事年表"始于公元前9000年。每页横向分列5栏，依次为：亚洲、欧洲、近东和北非、其他地区、文化和技术；纵向按年代排列。各栏中有对应的大事则标明准确年代加以记录，无则空白。

"世界历史地图"是全书的主体，分为7篇；每篇之下又分细目，每一细目总是刚好为对面的两页。篇幅上基本是图文对半——文字是简明扼要的宏观叙述（较少涉及各国国内的事件，而较多涉及"席卷各大洲的大规模运动"），图则是本书的精华所在。

绝大部分的图当然是地图（也有一些是在历史上有重大意义的工具、工艺品之类的图片）。但这些精美的彩色地图不是一般意义上的地图，因为图中包括了如下各方面的丰富内容：

各民族的疆界和势力范围及其变迁

重要军事远征、民族迁徙、探险和商业贸易的线路

著名战役的发生地

各主要宗教的分布范围

重要的修道院或庙宇

重要的城镇或要塞

地理方面的信息

经济方面的信息

……

因此一图在手，读者见到的不再仅仅是各民族的政治变迁史，或是帝王将相的"相斫"史，而是一部全方位的、各文明之

间互动的历史。

"专名汇编"实际上是一部世界历史小辞典。

"索引"中包括了国名、地名——所有在本书中提到过的事件的发生地名全都列出。以外文字母为序。

《泰晤士世界历史地图集》还有一样好处，那就是，它也可以作为一种初步了解世界历史大纲的快餐读物——将"快餐读物"这样鄙俗的字眼加于此书，实在是罪过，我相信这绝不是它的编撰者们的本意，但事实上它确实有此功能。在西方，有许多真正的经典作品，都做到了雅俗共赏，罗素的《西方哲学史》就是一个这样的例子。《泰晤士世界历史地图集》应该也是。

既然此书可作快餐读物的好处我说了都觉得罪过，它还具有的另一样好处，我实在是不忍心再说了。

从一种实用的角度来说，这本书后来还真派上了用场。在译《剑桥插图天文学史》的时候，书中涉及许多古代的地名，我当时对合作者钮卫星博士（他现在已经是交大科学史系的博导了）说，全部都搞出来，剩下搞不出来的就交给我来弄。结果，剩下的若干条地名我在《泰晤士世界历史地图集》中全部找到了。

说到《泰晤士世界历史地图集》，自然就会引出这样一个话题：学习历史如果只是拿着历史书看是不够的，至少手边还应该有两样东西：一是年表，另一则是历史地图集。要想真正学好历史、理解历史，其实是离不开图的。文字提供的信息毕竟太抽象了一点，而且在很多情况下无法提供图所能提供的信息。因为历史事件的发生，包括了时间和空间两个方面。而多年来我们那种以死记硬背为能事的历史教学，通常只注意时间这一维。注意这一维当然是必要的，记住各王朝的建立和结束的年代、重大历史事件的发生年代、重要历史人物的生卒年代，等等，这些是治史的基本功夫。但是所有这些年代概念，实际上都是和空间概念密切结合在一起的。在把握历史时，怎样才能将时间和空间统一起来？

　　对于用图来反映王朝疆域的沿革（以及历代行政区划的沿革），古代中国人早已注意到了。西晋裴秀（公元3世纪）曾作《禹贡地域图》，唐代贾耽（公元8世纪）曾绘《海内华夷图》，二图原本虽早已佚失，但历代继响不绝，发展到极致，就是已故谭其骧先生主编的《中国历史地图集》八大册。中国历代王朝疆域及行政区划的沿革，在此八册中一目了然，在这方面的时间和空间概念得到了统一。

　　但是，重大的历史事件，比如亚历山大之远征、十字军之东进、匈奴之西迁等，是在怎样的空间范围和环境条件下展开的呢？要寻求这方面的时空统一，中国传统的地图，也就是今天中国人通常心目中的地图就无能为力了。而像《泰晤士世界历史地图集》这样能够反映这方面时空统一的地图，在西方却比较常见。在一些西方的历史著作中，常附有这种性质的地图。

　　我因买不起《泰晤士世界历史地图集》而兴叹之后不久，就买到一本《钱伯斯世界历史地图》，也是生活·读书·新知三联书店出的，性质与功能都和《泰晤士世界历史地图集》相仿。当然没有后者那样辉煌壮观，也没有大事年表和文字论述，只有地图和索引。此书只要1.65元，正适合穷学生购买使用。这本书在后来几年中对我的帮助确实不小，当然这也是后话了。

天体运行论

自然哲学之数学原理

历史研究 历史研究 历史研究

书房时代

书房的生命是靠主人赋予的。只有当你真正和书相爱了，你的书房才可能有生命。

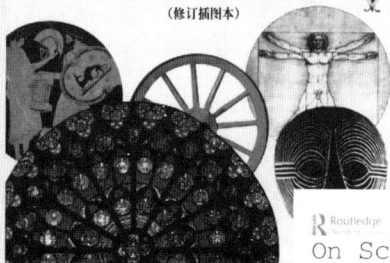

[英] 阿诺德·汤因比 著 ARNOLD TOYNBEE
刘北成 郭小凌 译

历史研究
A STUDY
OF HISTORY
THE ONE-VOLUME EDITION
ILLUSTRATED
（修订插图本）

小世界
学者罗曼司 SMALL
WORLD
D LODGE （英）戴维·洛奇
袁译 王逵振 校 重庆出版社 出版

Routledge
On Science

行思文丛
口袋阅读 ［英］布赖恩·里德雷 著 李斌 邹卜文 译

科学是魔法吗

A HISTORY OF
Technology
技 术 史

主编
查尔斯·辛格
E·J·霍姆亚德
A·R·霍尔
主译
王前
孙希忠

第 Ⅰ 卷
远古至古代帝国衰落
史前至公元前 500 年左右

上海科技教育出版社
牛津大学出版社授权出版

中国国家地理
十年经典丛书

中国景色
单之蔷 著
VIEWS OF CHIN

3　书房的变迁

3.1　终于在滑轨上成为书虫

1986 年，我修完了博士阶段的学分，进入论文阶段，可以留在上海。这一年，女儿也出生了。有了自己的家，我开始建设真正的书房。在北京的几年里，我搜了很多书。这些书里，有一些和我太太的书是重复的，我便把它们送给我的哥们儿；她没有的那些我还是要装箱运回上海，尽管送掉了一些，但书还是很多。

那个时候我在上海有一间一室一厅的房子，其中房间 16 平方米，厅 10 平方米，还有一个阳台。房子不大，但对那个时代的年轻人来说，这已经很幸福了。我在 16 平方米的那个房间占了一面墙来做我的书橱。在书橱的设计上我也花了一些心思：很多人家里的书橱用得久了木板中间部分就会垂下去，通常人们会认为这是因为木板不够结实，所以相应的办法就是使用更厚的木板，但同样的问题还是会出现。我用的板是空心的，用一般的木头钉成一个框，两面用三合板封住。它能承受的分量远远超过实心板所能承受的分量。

1992 年，我搬进中科院的小区。那套房子有两间朝南的房间，门厅很小，有独立的厨房了。那时我是副研究员，能分到那样的房子也很不错。

搬进新居，太太慷慨地把其中一间给我作书房。在那个屋子里，我的阅读和写作非常愉快，甚至比现在都愉快。夏天的时候，我喜欢在地上铺一张大席子，要写东西的时候就去电脑上写一会儿——搬进那间屋子不久就有电脑了，其他时间都赖在席子上，困了就在书堆里一躺，醒了接着看书干活。那时候我干活很卖力，写了不少东西。很

《娱乐至死》书影

多人以为我非常高产，其实我写东西不快，但确实用了大量的时间来做这件事，不想出国、不想下海，就想安心做学问。

1999年调到上海交通大学以后，我的生活就改变了。进入上海交大这件事本身相当高调，我和同事们创建了国内第一个科学史系，新华社为此发了全球通稿——新华社为我发过三次全球通稿，此前两次分别是武王伐纣和孔子诞辰的研究。当时正值"两会"期间，但是中央电视台闻讯还是自行派出了四人摄制组专程前来上海交大采访。

接到上海交大的邀请时，我曾有过很大的犹豫，主要就是舍不得上海天文台那种逍遥自在的日子。后来我的多年老友、现在在清华大学的刘兵教授极力鼓动我接受这个新的挑战，促使我下了决心。另一位我最好的朋友之一，现在在中科院上海生命科学院工作的吴家睿教授有一句话也打动了我。他说：晓原君啊，你才四十多岁就想"养老"，不是太早一点了吗？你应该去做更多的事啊！

　　新华社上海（1999年）3月9日电　上海交通大学科学史与科学哲学系今天成立。

　　作为中国高等院校中设立的第一个科学史与科学哲学系，该系将成为综合性科学史与科学哲学研究教学基地，推进科学史学科在中国的发展，培养广泛适用于科研、教学、行政、管理、出版等方面的文理兼通人才，实现科学与人文的有机结合。

　　科学史与科学哲学系首任系主任，由著名天文学史专家、博士生导师江晓原教授担任。中国科学史界学术权威、中国科学院席泽宗院士出任该系学术委员会主任。在今天的成立大会上，上海交大校长谢绳武教授向席泽宗院士颁发了聘书。中国科学院院长路甬祥为该系成立发来了贺词。

　　据悉，该系成立后即招收科学技术史专业博士及硕士研究生，以及科学技术哲学专业硕士研究生。

在此之前一年，1998 年，我搬到了现在的这套房子。我这间书房算是上海滩最有名的书房之一，仅中央电视台就在这里拍摄过十余次，上海当地和其他地方的媒体拍摄、报道的次数更多。很多人曾慕名来看，这可能在很大程度上是因为我的书架的设计。

我的书架参照了档案馆中的滑轨式密集架的设计，尺寸和形状都是按照我的要求单独加工的。密集架引起一些人的关注，很多时尚杂志做过我和我的书房。我的书房甚至出现在家居设计类的畅销书中，比如欧阳应霁的《回家真好》，在两岸三地出版，生活·读书·新知三联书店多次重印。央视为此又到我书房中拍摄了一回。

由于采用密集架的设计，我的书房里在放了两万册书之后也并不显得拥挤，而这间书房不过 19 平方米。其实这种滑轨式密集架从设计方面来说也很普通，只不过可能很少有人会在家里使用吧。

在拥有了一间真正意义上的自己的书房之后，我聚了更多的书。那时候我已经是每隔一些天就到书店搜书。有一次和小姨交流体会，我说你们女人逛店买衣服是不是跟我逛书店一样，如果今天逛了好几个书店没有买到任何我喜欢的书，我回来的时候就觉得腿特别酸，浑身不得劲。小姨说太对了，我们买衣服也是一样，如果什么也买不到，回来以后就觉得脚重得都拖不动，但是如果买到了喜欢的衣服，回来以后就一点不累，一到家就在镜子前面先穿起来自己臭美一会儿。

我的书房虽然藏书量很大，现在大约 3 万多册，但我其实不应该算藏书的人，因为我对藏书家所在意的版本、升值等这些藏书的概念都没有。有人发明了"爱书家"的名字，我觉得也许更适合我。虽然我对版本没要求，但我很介意书的品相，所以在书店里挑书的时候，我会拿出一摞书，选择整洁、装订得好的书；如果碰巧买到品相不好的，我会自己重新修整。

另外，我还曾复印过一些书——有一些书很贵，但是我很喜欢或需要，就拿去复印了，然后找人装订。其实早期印刷术刚刚发明的时候这是很常见的，那时人们买书是买书的瓤，然后找人来装订，并制作书的封面。后来装订和印刷才合并。

除了学术研究可能用到的书，很大一部分书是出于我的兴趣与个人爱好。比如我的书房里有一类书量很大的，就是艺术史。有一段时间，我很迷恋艺术史，于是就想办法找了一些书，看了一些艺术史方面的史料汇编。这就完全是出于业余爱好了。我觉得这种冲动是可贵的。随着人到中年，越来越觉得这种冲动的可贵。要珍惜每一次冲动。年轻的时候不觉得，因为求知欲本来就强。某一阶段对什么感兴趣就把这方面的书找来。有一个电影《遗愿清单》(*The Bucket List*，2007)，里面老头有一句话：要珍惜每一次勃起（冲动）。对应于读书方面的兴趣选择，也许我们可以说：要珍惜每一次冲动。就像我小时候，总要在桌上摆着棋盘，有时候半夜里想起一招就会爬起来去摆。

我总觉得对一个事情有兴趣，要进入较高层次的时候，就要去找这方面的书。这种做法很书呆子气，但是很管用。比如我当年迷恋象棋时，就收集了许多棋谱，包括古代的和现代的，甚至收集了象棋史方面的著作。又如后来喜欢上了电影，就想有更多了解，就会去搜集书，看有关的杂志。这和做学问的道理是一样的。

这么多年以来，我一直以读书为乐事。读书是我人生的一种精神支柱：我需要通过读书支撑自己，让自己觉得自己是充实富有的，而不是那么虚幻。不知道别人读书是否意味着这样，但对我是如此。

真的要说从读书中能解决什么具体的问题，如果一定要讲的话，也许可以找到一两个例证来——尽管听起来有点搞笑。

刚回上海定居的时候，有一天太阳很好，我把晒在阳台上的衣物收进来，却没发现衣服上有一个很大的马蜂，手一下子抓了上去，结果被蜇到了，手迅速肿了起来。那时候家里正好有一本《家庭医学手册》。翻出来查找，正好前环衬上有一些急救的知识，竟然有一项就是关于被马蜂蜇后如何处理的。按照上面的说法，我在厨房里找到

我的"书房宝物"

关于这两件"书房宝物",《科学时报》居然曾经报道过:

江晓原有戈革前辈所赐印章七枚,最大的长八厘米阔四厘米,最常用的有"江郎长物"和"二化斋"两枚。戈革在篆刻界或许不知名,而许多大家都很喜欢他的篆刻。钱钟书常用的三枚印章中,有一枚就是戈革的作品;于光远先生拥有戈革刻印最多,曾在香港出过一个集子。

细砂纸,将其固定在方头木棍上,遇到书页裁剪不齐,多出来有折回去的部分,大多读书人读过后,再照样折回,或有心细的,则用剪刀剪去。江、止(止庵)二位则嫌用剪刀剪去的不够整齐,便自制上述工具,与书籍成直角,小心将多余部分一点点磨去,说这样修整后,与其他页分毫不差。这种工具从前的书店店员和印刷厂的老员工才有,现在已不多见。

——2003 年 4 月 24 日《科学时报》

醋，涂在肿起来的部位，十几分钟后就好了。这件事让人觉得"知识就是力量"，真是再直接都没有了。

聚书的最直接的好处就是需要用到的时候随时可以找到。很多人都有这样的体会：我们的图书馆服务难以令人满意，尤其是公共图书馆，所以我基本上不去。当然，把一些可能会用到的书聚在家中，这不是一个很经济的做法，但需要用的时候确实非常方便。我们科学史系的关增建教授有一个四库全书的电子版，有一次我们翻译外文的李约瑟的书，其中引用中国古代的文献，我们需要把它返回到原文，关教授用电子版查也没查到，那段东西我看了觉得有印象，结果回家一找，那个书我居然有，这个问题就解决了。

我一般不太愿意借书给人，因为生怕别人借了不还：有一些人完全不能理解我对书的喜爱，所以有时候借了书也不太在意，可能东丢西丢就把书弄没了。小姨在杂志社当编辑，有一次问我借《万象》创刊号。我虽然有些犹豫但还是借给她了。过了两个月，我自己越想越不对劲，就去季风书园又买了一本创刊号。果不出所料，小姨有一天对我说："你的《万象》我弄丢了，很不好意思啊。"——瞧瞧多轻巧，我说我就知道会这样，所以已经又买好一本啦。

我喜欢整洁，不管是书房还是电脑。这个习惯要追溯到做电工的时候，那个时候我的抽屉是最整齐的。我喜欢把工具分门别类，从大到小，收拾好。一直到现在我仍然有一个抽屉专门装各种各样的工具。也因为如此，所以我的书从不乱堆，电脑的情形与书房大抵相似，搜集到的材料分别归入不同的文件夹，基本上要找到它还是比较快的。

最近我们家连续发生了好几件笑话。有一次我太太和小姨出去玩，太太临走从我的书架上抽了一本书带着准备在路上看，那天她们走后我正好想要找这本书，一看书不见了，就打电话问她，她说我三万多册书中才拿走一册，才拿走几个钟头，怎么就被发现了呢？前两天又是，她拿了一本《卫斯理》，我正好看见《卫斯理》那里一条缝，就发短信问她。后来我小姨说，要想拿走江晓原的书是很难的，他随时都会像电脑监视一样。

爱书的人看着自己的书架都会很愉快的。如果我某一天能够完全不出门，这样一天在家，那我大部分时间都会待在书房里，有许多书和影碟陪伴我，写了文章就从网上发掉。

也许，我现在已经是一个书虫了。

3.2 女儿的"童年记忆"

女儿还在幼儿园的时候，我用《字频表》（一种统计常见刊物上汉字出现频率由高往低顺序排列的工具书）开始教她识字，每周一页（她是住园的，周末才回来），25 个字，也不要她写，只要她认，简单讲讲它的意思。下一个礼拜再讲 25 个字。每次讲新的一页之前先考她前一页，平均忘掉 5 个。我给她学了几十页，她就能够像一个大人一样把报纸看懂。当她进入小学，和其他同学不一样的是，她在入学的第一天就已经获得了接近成人的阅读能力。这个实验在她身上我没看到什么负面的作用。所以当同龄的孩子在看电视时，她会拿一本书来读。

所以，我女儿进小学的时候就开始到我的书房来找书看。很少有她愿意拿去看的，但是她会来翻。我的所有色情图书也不会刻意藏起来。十年前搬到现在这间房子之后，她要求在她的房间也做一面墙的书橱。有一天，她对着自己的书橱，自我陶醉地说：我也有这么多书啦。——正好被我听到。后来她要学建筑，我开始给她找建筑学的书。她开始认为这些书都是归她的，而这些书我也是有兴趣的，所以我往往也要弄两本。

女儿从我这里继承了对书的贪欲，而她的阅读兴趣也曾影响过我，比如我对《卫斯理》的兴趣最初就来自女儿的推荐。

我最初接触倪匡的作品，是在北京念研究生时，从一个忘年交老

书房

先生那里借来的港版《我看金庸小说》，而且有《再看》《三看》……直至《十看》共十册，我一气看完，又带到上海借给家母看了一遍，其中给我印象最深的是他自撰的对联："常为张彻编剧本，曾代金庸写小说。"

大约十五六年前，我发现女儿在读《卫斯理》时，颇有点嗤之以鼻，只是看在作者是写过十本《我看金庸小说》的倪匡的份上，这一"嗤"才没有嗤出声来。她是住校生，她书包里的《卫斯理》在同学室友的传阅中书角都圆了。那时她刚念初中，可是看来已经颇工心计——每逢我带她上书店，她都要缠磨着买一册《卫斯理》，但每次只要求一册。我想她这可能是为了不引起我的注意。然而久而久之，她房间的书橱中积累了十几册《卫斯理》，这终究还是引起了我的"警惕"——到底是什么玩意这样吸引人？

于是我开始和女儿交流《卫斯理》，有一天她来到书房，很认真地推荐我阅读一篇《卫斯理》，当时家中的纸书里没有这一篇，所以读的是电子版。这篇开始让我迷上《卫斯理》的作品是《寻梦》。

就是从《寻梦》开始，我阅读了越来越多的《卫斯理》，后来我有一段时间竟将读《卫斯理》作为某种休息的方式了。再后来我读完了几乎全部的《卫斯理》，反过来向女儿推荐其中的佳作。我对倪匡的阅读还延伸到"原振侠系列""年轻人与公主系列""亚洲之鹰罗开系列"，等等。

《卫斯理》通常被书店归入"科幻小说"类，实际上各篇故事内容五花八门，武侠、破案、探险、寻宝、恋情、黑社会、伪科学、历史疑案、政治动乱、民间传说，等等，几乎所有通俗读物中用来吸引读者的题材，都在《卫斯理》中出现。按理说，科幻小说必须同时具备"科学"和"幻想"，而《卫斯理》则是幻想多于科学，仅仅从形式上来看，将《卫斯理》归入科幻小说类也是相当勉强的。

《卫斯理》故事的灵感，有来自现代科学者，如外星人、时空变换、时间隧道、生物技术，等等；亦有来自中国古代传说者，如神

《黑客帝国》海报

仙、永生、风水、前生后世、灵魂不灭、预知未来，等等。倪匡显然并不受"科学"的约束，科学固然可以给他提供灵感，但是伪科学或神秘主义提供的灵感他也欣然采用。

迄今为止最成功的科幻影片《黑客帝国》系列中，有两个重要想象，都是《卫斯理》中早已经用过的。其一是人类陷于别人从头到尾安排好的处境（即影片中的 Matrix）中而不自知；其二是人类"元神出窍"而瞬时跨越空间（这在中国近代神怪小说中就已经常用）。倪匡在《卫斯理》系列小说之《玩具》中，假想了这样一种局面：人类被外星人当作玩具，安排在地球上过着自以为幸福的生活，而不知自己其实就像被人豢养的小猫小狗一样，并非这个世界真正的主人。小说中卫斯理在最后问道："一旦有人不甘心被命运播弄了，他会有什么结果？"——而这正是《黑客帝国》为反抗者们的结局设下的悬念。

尽管如此，《卫斯理》并未在思想上融入现今国际科幻界的主流——反思科学技术本身并警示科学技术无限发展的未来。这也是我不太主张将《卫斯理》归入"科幻小说"的更重要的理由。

在我的书架渐渐放满而"入侵"到女儿的房间后，有一天我对她说要把那套残缺不全的《卫斯理》扔掉（因为出版社给我送来了全套新版的），她说不许扔，"那是我的童年记忆"！结果那套旧的至今还在她书橱里。

3.3　阅读综合征

随着我的藏书越来越丰富，"阅读综合征"就渐渐出现了。

藏书越来越丰富，这也不仅是我的原因，我们的图书出版品种本来就在越来越多（据说 2003 年是 19 万种，2004 年是 21 万种，2009年是 25 万种左右）。同时，我得到书也越来越容易——收入提高了，出版社的朋友也越来越多了；而且我写书评多了以后，报纸杂志也经常给我寄书。本来新书来了，我通常都要亲近一番——披阅目录、前言、后记和译后记之类，还要盖上我的藏书印，书的品相如有缺陷我还要修整。但是随着新书来得越来越多、越来越快，有时就亲近不过来了，新书就常常堆放在案头。

我原有古人"三上读书"的恶习——"三上"者，"枕上、厕上、马上"之谓也，"马上"对于现代人当然要换成"车上""飞机上"，等等，反正是在交通工具上。我的"阅读综合征"，最初就出现在"厕上"和"马上"。

我出门之前和上厕所之前，都习惯找一本书，起先这种找书不费踌躇，拿一本就去了。等到书多了，特别是那些放在案头尚未来得及亲近的书一多，出门之前和上厕所之前找书就踌躇起来——这本已经答应人家写书评，似乎理应先看；但这本是寻觅了很久之后昨天才刚刚搞来，真想看看到底是何光景；而这本则是如此有趣，为什么不先睹为快呢？……如此这般，到底拿哪一本好？有时会让我犹豫半天，最后随便拿一本了事。现在看来，这正是"阅读综合征"的典型表现。

对此我还可以提出两个旁证。

第一个是以前读到过的晋朝何曾的故事，说他"食日万钱，犹曰无下箸处"，这一直被作为贵族生活奢侈的例证，因为何曾"厨膳滋味，过于王者"，看来像一个饕餮之徒。但是现在从"阅读综合征"的思路来看，何曾只是"下箸综合征"而已——每天每顿饭都"食前方丈"，对着几十、上百种佳肴，当然就会不知往哪碗菜下筷了嘛。如果每顿饭只有一碗咸菜，他一定就不会"无下箸处"了！何曾面对佳肴时的心理，和我面对好书时的心理，其实是完全一样的。

第二个旁证更为有力——如今我的"阅读综合征"又有了扩展，它现在已经扩展为"看碟综合征"！现在我每次要看影碟时，经常为"这次看哪一张"而大费踌躇。我收藏DVD影碟的历史至今（2009年）不过六年多，我的第一批DVD影碟是19部007影片（现在已

经有 22 部了），那时我愉快安心，毫不踌躇，每天晚上看一部，19
天看完，写了我的第一篇谈影碟的文章。按理说，随着收集的 DVD
影碟越来越多，看过的影片也越来越多，对影碟的把握和预期也应该
越来越有经验，谁知现在我面对着三千多张影碟，却越来越不知道先
看哪一张好了！

　　我现在需要抑制对书的贪欲。好像书房里隔一段日子没有新的书
出现的话，我就会想要去猎取一些新的书，有一阵子我很放纵这种贪
欲，但现在不得不抑制，因为书房快放不下了。刚搬到这间房子的时
候，我的活动书架还远远没摆满，但现在全部都满了，所以这几年我
在墙上也做了一些书架，还征用了女儿的房间。

　　与对书的贪欲一起增长的是，越来越多的好书顾不上看。把一些
书放在桌上要看的，过了几个月还没看，这时它又会被一些新的书取
代。前一阵理书的时候发现，有一本书我 20 年前就说要看它，但是
过了 20 年还没看。这真是很让人羞愧的毛病。和我一样，女儿前几
年也开始出现了这个毛病，她要看的书放在那儿一个学期两个学期也
没看。她说忙啊。现在的生活节奏的确很快。这样一来，很多很好的
书要看的，都没能看。

4　在"阳台"与"卧室"之间

　　如果江晓原参加"幸运 52"之类的百科知识类节目，他会
是一个捣蛋的答题者，因为他会经常说：我知道你想要的答案，
但是这个问题本身是错的。语境分析既是江晓原分析问题的方
法，也是他发现问题的方法。这一方法几乎贯穿在江晓原的所有
文章中。《江晓原自选集》中还收录了江晓原"第二专业"性学
史方面的若干文章，其中也有大量的语境分析，也动摇我们的很

江晓原 著

江晓原

自选集

广西师范大学出版社

XIN SHI JI XUE REN WEN CUN

1955年生，早年在纺织厂
当过6年电工。恢复高考
时考入南京大学天文系天
体物理专业，毕业后在中
国科学院读了6年科学史
研究生，成为国内第一个
天文学史专业的博士。嗣在
中国科学院上海天文台工
作15年，任研究员、博士
生导师，长期领导着国内
唯一的天文学史研究组。
1999年春调入上海交通
大学，任科学史系主任，
出版著作十余种，有《天
学真原》、《天学外史》、
《历史上的星占学》、《中
国人的性神秘》、《性张
力下的中国人》等，在中
外著名学术刊物上发表论
文80余篇，并发表了大量
其他作品。有随笔集《东
边日出西边雨》、《走来走
去》等。

新世纪学人文存

《江晓原自选集》书影

多常识性的观念。比如，在我们一般的印象中，中国人在性的问题上是非常保守，越是古代，性禁忌越多。但是江晓原考证，中国唐以前在性的问题上比我们今天还要开放。

一条鱼跃出水面，看到了他所生存于其中而不察的水。江晓原所质疑的问题正是多年以来我们的口袋所接受的常识，正是别人所思考的基础。因而江晓原的工作常常是颠覆性的。在很多人忙于绣花赏花的时候，江晓原赫然指出，绣花的底子是一个麻袋。

正是：于常识之处，见人所未见，成一家之言。

——田松：跃出水面的鱼

1986年前后，我的学术生涯开始进入一个"高产"期，从那开始的几年中，我特别喜欢写论文，也发表了不少论文。那个时期也正是我在上海的前两处居所的那段日子。现在回想起来，那真是一段让人怀念的日子，宁静、充实，可以有更多时间做自己真正喜欢的事。

有人曾说我的主要学术研究工作可以用四个字概括，即"卧室"与"阳台"，前者比喻性学研究，因为卧室通常是男女欢爱的地方，而后者比喻天文学，意指可以在阳台上观测天象。这当然是玩笑之辞，但天文学史和性学史确实是我研究的两个领域。不过需要说明的是，其实中国古代是用"阳台"来比喻男女性爱的。

4.1　"见习巫觋"

1986年开始，我发现自己在做学问方面入门了。我在读硕士的时候就将科学史所所有天文学史专家的学术档案，包括他们当时已发表的全部论文比较仔细地浏览过，从那时开始我常常会思考这样一个问题：他们怎么能写出这么多论文？后来我自己慢慢琢磨，发现它可以转化成两个层次的问题：其一，给你一个论文题目，你能否将论文完成？其二，你怎样才能自己找到有价值的论文题目？有一次我向前辈薄树人先生——他现在已归道山多年了——问了第二个问题，薄先生说：这是高级研究人员才考虑的问题，你现在还不必为此操心。现在我给研究生们上课也时常会提起这段往事，发现同样的问题其实也是他们中的很多人所希望了解的。事实上，我直到硕士毕业也没能解决第二个问题，硕士论文的题目是导师给的。但是在 1986 年的时候，我突然发现自己能够找到有价值的论文题目了。两年后我博士答辩时，我已经在学术刊物上发表了 10 篇论文。现在回想起来，那几年我特别愿意发文章，这种情形就好像刚学会开车的人特别爱开车、刚学会游泳就特别喜欢游泳一样。

1988 年，我到美国开会时认识了黄一农，他问我国内搞天文学史的人有哪些，我就给他历数席先生、薄先生、陈美东先生、陈久金先生……他说再往下呢，我说再往下就是我了。他说我怎么没看到你的东西呢。我说你马上就要看到很多东西了。我最初在《自然科学史研究》上发表论文是在 1986 年，1987 年开始在《天文学报》上发表论文。其时正是我写作论文的高产期，我发现有许多题目可做，并且很愿意写学术论文。

也是在这个时期，我的阅读开始有了一些不同。在此之前，阅读大多数时候都是按自己兴趣的；但到了这个阶段，开始写学术文本了，就会有很多阅读活动是与论文相关的文献的查阅，与兴趣相去甚远，但是做学问嘛，这些东西是一定要读的。不过在当时也仍然保留很多出于兴趣的阅读。

我曾花了几个月时间用心研读《巴比伦泥版楔形文书天文表》，那是一桩苦差事，但也令我受益匪浅。

在北京读研究生的时候，我常有机会随侍先师席泽宗院士。先师讲学余暇，也不时回忆学界前辈种种轶闻趣事，每每令我听之入迷，或大开眼界，或心向往之。一日先师闲谈时曰，某院士曾向他亲言："自己一生学问，就从几册书中来。"初闻此语，颇觉夸张，因与我一

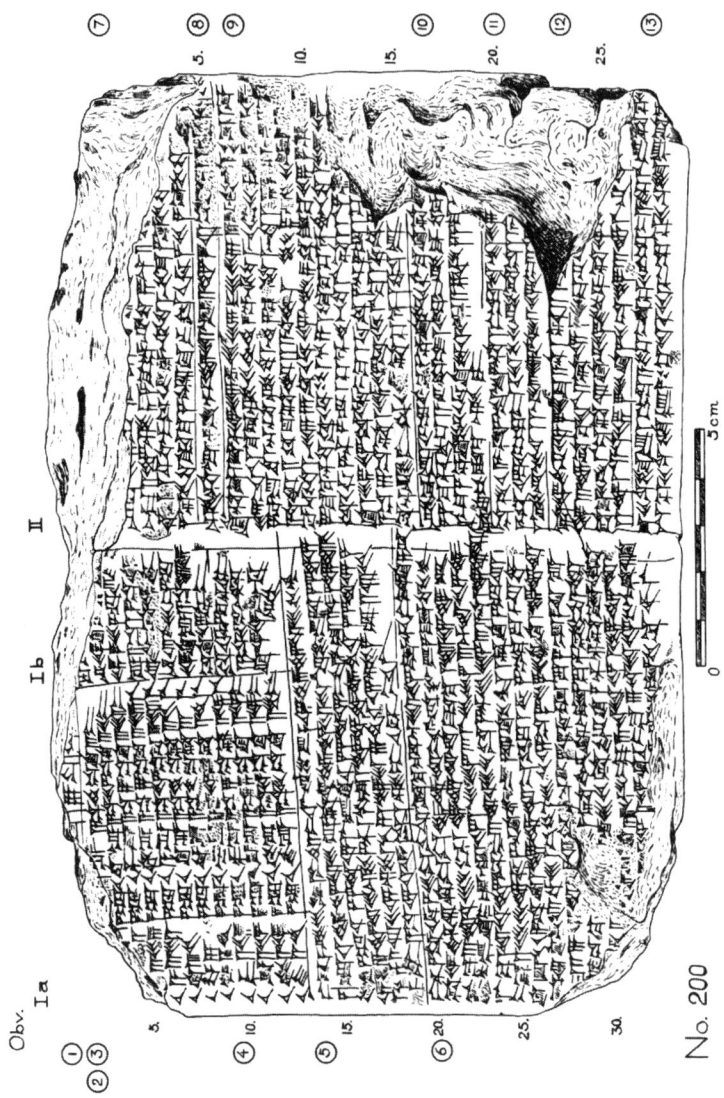

《巴比伦泥版楔形文书天文表》书影

向服膺的"博览群书"之旨明显不合。先师曰："这样的书，当然是指那种能够为一门学问打下扎实基础的传世之作，非等闲之书可比。"我率尔叩问道："那我们天文学史领域中，有何书可以当此？"先师略沉吟了一下，曰："诺格堡之《古代西方数理天文学史》，差可当之。"

我那时初入学问之途，向学之心甚切，第二天就从研究所的图书馆——该馆至今仍是全中国最完备、最好的科学史专业图书馆——书库中将诺格堡（O. Neugebauer）的《古代西方数理天文学史》（*A History of Ancient Mathematical Astronomy*）借出，凡三巨册（两册正文，一册附图）。当时也不管是不是力所能及，就摆开阵仗"攻读"起来。

诺氏书中的第二卷，专讲巴比伦天文学，其中经常引用到一种缩写为 *ACT* 的文献，因为老是遇到这个缩写，我就注意起来，一查，原来这书就是《巴比伦泥版楔形文书天文表》（*Astronomical Cuneiform Texts*），正是诺氏本人编的，1955 年在伦敦出版。

那时老师们经常强调"第一手文献"的重要性，而以往中国学者之所以很少研究涉及西方天文学史的课题，主要原因之一就是在国内难以接近西方的第一手文献。现在这个 *ACT* 自然是当之无愧的第一手文献了，我怀着碰碰运气的心态，又到研究所图书馆的书库中去找，居然找到了！又是三巨册，布面精装。从那张早已发黄的空白登记卡上，我知道该图书馆 1956 年购入此书，30 年来，我是此书的第一个读者。

巴比伦故地在西亚两河流域（今伊拉克），古称美索不达米亚。这一地区的文明可以上溯到约公元前 4000 年时的苏美尔人（Sumerians），以后阿卡德人（Akkadians）、亚述人（Assyrians）、迦勒底人（Chaldeans）先后在这一地区建立统治。亚历山大大帝（Alexander the Great）于公元前 330 年征服该地区，公元前 323 年亚历山大去世，他的部将们瓜分了这个昙花一现的大帝国，两河流域开始了塞琉古（Seleucid）王朝时期。

　　虽然迦勒底人的星占学和天文学在欧洲早已非常有名，但只是近百年来的考古研究才揭示出：在公元前的最后几个世纪中，有一个高度发达的数理天文学体系存在于美索不达米亚。已发现的天文学原始文献，绝大部分属于塞琉古时期，相当于中国的战国后期至西汉末。在西方科学史上，这属于非常重要的"希腊化时期"。

　　这批已发现的巴比伦泥版楔形文书天文文献，主要是 300 张天文表。有三位耶稣会神甫，J.N.Strassmaier、J.Epping 和 F.X.Kugler，曾对此作了极为艰巨的整理工作，包括释读这些表格的内容、根据表格本身的数理结构将缺损部分补全；等等。诺格堡又在此三位神甫工作的基础上作了综合性研究，编成三巨册《巴比伦泥版楔形文书天文表》，前两册是对这些巴比伦天文表中天文学内容和数学方法的分析，第三册包括这些楔形文书泥版的照片、摹本和翻译成阿拉伯数字的原始表格。诺格堡在卷首将此书题赠给上述三位神甫，尊他们为研究巴比伦天文学的先驱。

　　尽管诺氏表示，由于巴比伦天文学发展过程的资料还很缺乏，"我们尚远远谈不到巴比伦天文学的历史"，但考虑到考古发现的偶然性，这批资料已经具有相当大的"集大成"性质。况且已经有人前赴后继做了如此艰巨的研究整理工作，将表格从恍如天书的巴比伦楔形文书变成了阿拉伯数字，那是何等难得！考虑到这些因素，我立刻将这三巨册借回宿舍，当成我的"枕中鸿秘"之一。

　　除了古希腊之外，世界诸古代文明中，都没有存在过现代意义上的天文学活动，存在的只是星占学活动——本质上可以归入巫术范畴。但是在星占这种巫术活动中，却不得不使用某些天文学方法。《巴比伦泥版楔形文书天文表》中所记载的，就是在塞琉古王朝时期的星占活动中所使用的天文学方法和数据。

　　古代天文学的基本问题，一言以蔽之就是一件事：在给定的时间、地点，推算出日、月、五大行星在天球上的位置。这在古代东西方都是如此。现代天体力学根据万有引力理论，可以准确推算出日、月、五大行星任意时刻在天球上的位置，而在天体力学问世之前，古人要解决上述问题，基本上只有两条途径：一是采用几何模型（古希腊天文学就是如此，受其影响的阿拉伯天文学和印度天文学也是如此），二是采用数值模型。

《巴比伦泥版楔形文书天文表》就是塞琉古王朝时期的周期数值模型：通过长期观测，积累了非常准确的数据，由此构建了一系列周期函数，利用这些周期函数的叠加，也可以相当精确地推算出日、月、五大行星任意时刻在天球上的位置。

不过，真要将书中这些神秘表格读懂，那可是一桩苦差。主要是它们实在太枯燥了。在我将博士课程全部修完，进入博士论文写作阶段——我的博士论文题目与巴比伦及这些楔形文书天文表完全没有关系——之后，我有时就可以回上海了。有几个月时间，我在上海临时借的一间古人所谓"几榻萧然"的破屋中，发奋攻读诺氏的这两部大书。《巴比伦泥版楔形文书天文表》既难懂，又非当务之急，当时究竟是什么念头驱使我在"两线作战"的状态下（那时的当务之急是准备博士论文）去攻读它们的，现在几乎已经记不起了。也许就是纯粹的好奇心吧。

钻研这些天文表时有一种相当奇特的感受。我在那间破屋中经常想，两千多年前的那些巴比伦星占学家——也就是巫觋（这是中国古代的说法，女巫曰巫，男巫曰觋）——也同样要钻研这些表的啊，我现在就权当是在担任巴比伦王室的见习巫觋，进行专业培训吧。两千多年前的人都能弄懂的事情，我只要肯下工夫，总该也能弄懂吧。

这几个月的"见习巫觋"，最终并没有白当。我将《巴比伦泥版楔形文书天文表》中对太阳和行星运动不均匀性的描述，与中国六朝隋唐时代历法中的相应内容进行比较，发现了一些古代中西方天文学交流的新线索。随后的两年中，我在《天文学报》《自然辩证法通讯》等杂志上，连续发表了一组讨论巴比伦天文学方法与古代中国历法之间关系的系列论文。这可以算是这场好奇心带来的意外成果。

　　阅读最好的境界是看着玩结果找到了史料。比如说，我曾经大量搜集古代小说的现代排印本，像中华书局、上海古籍等出版社出版了很多这类的书。我经常出门的时候带着看。因为是一段段的，互相不衔接的，所以出门的时候看很合适；而且我看书的时候喜欢做索引，很多学术文本中的材料我就是这样得到的，比如《阅微草堂笔记》。还在北京读研究生的时候，我喜欢每天晚上临睡前看，并且做了大量索引，其中很多材料在后来写《云雨——性张力下的中国人》的时候就用到了。但是近年我不怎么带笔记小说出门了。

　　那时候我常常会把要写的题目开列出来，当我在阅读的时候发现与这些题目有关的文献或史料时就会把它们记录在相应的题目下面，或者我在阅读时发现一些有意思的题目也会将它们记下来。这个习惯一直保持到现在。当你在心里老想着某些事，那么看到有关的东西就会有意识地把它搜集起来。

　　现在回想起来，我还是很怀念在天文台工作的那几年，更像做学问的地方。如果没有天文台那几年安安静静的时光，我就不会在学术上成长起来。在科学院开始折腾各种各样的"创新工程"的时候，我已经成长起来了。所以我后来写过一个专栏文章叫"清静最难"。

4.2　天学

　　女儿五六岁时曾有"名言"曰："爸爸很开心的，他不用上班，整天在家里走来走去。"说的大抵就是我任职于天文台时的工作与生活状态。我自1984年底成为中科院上海天文台的职工到1998年离开，其间15年，在天文台因专职研究天文学史，工作情况特殊，历任台长都特许我不必坐班，可以在家工作。但多次有好事者义正词严地质问：是谁允许江晓原不坐班的？答曰：台长。好事者竟还要到台长处去核实，但历任台长都明确证实了这一点。有一位台长还指出，江晓原每年发表这么多论文，足以证明他是在辛勤工作的。那时候年轻，我常常走在路上看书。我们天文台何妙福台长三次在街上看到我，每一次我都在看书，然后他就叫住我要我注意安全。后来他还在天文台说，江一点也不偷懒的，我三次路上遇见他都是走路还在看书的。

我的成名作正是在天文台的那几年完成的。

对很多人来说写书是一件很痛苦的事情。因为一个活要干很长时间，而且脑力劳动也不是那么容易的事情，所以真正写书的时候是屋子里安安静静，很寂寞的。为什么我喜欢卢照邻的诗，"寂寂寥寥扬子居，年年岁岁一床书。唯有南山桂花发，飞来飞去袭人裙"，那是一种境界，很寂寥的，可以好好看书、好好写书。而天文台正给我提供了这样一个环境。

我自己写书的过程感觉最好的就是《天学真原》和《性张力下的中国人》。因为这两本书都是在完全没有任何外力干扰的情况下写的。正像前面提到过的，在拥有了自己的书房之后，我常常在夏天把凉席铺地上，读书在席子上读，睡觉也在席子上睡，写作的时候爬上电脑，随时想睡就睡五分钟，醒过来精神特别好。而这两本书就是在这样的状态下完成的。

除了天文台安静的读书与写作环境，当年我之用功写作也还有一些十分个人的原因。那个时候，女儿刚刚出生，正值用钱之际，而"脑体倒挂"却正处于最严重状态，我们夫妻两个，一个本科毕业在国家机关当干部，一个博士毕业在中国科学院当助研，每月工资加起来仅数百元，只够日常开销的五六成。如此巨大的赤字如何填补？虽然我们双方的父母条件都还不错，但我们不愿意去"啃老"，坚决自力更生。要在不妨碍做学问的前提下填补赤字，我的办法就是写文章写书挣稿费。记得那时经常有这样的情景，太太晚上说道：江晓原，我们又没钱了！我就说：明天我去筹款。——所谓"筹款"，不外乎向报纸杂志催稿费，或是到出版社去预支稿费。

◎华东师范大学出版社

[江晓原 著]

走来走去

我女儿五六岁时，有「名言」曰：「爸爸很开心的，他不用上班，整天在家里走来走去。」（师此句而……

者谓我辛勤工作，不知我者谓我游手好闲。我曾在中国科学院上海天文台工作十五年，因专职研究天文……

史，工作情况特殊，历任台长都特许我不必坐班，可以在家工作。但多次有好事者义正辞严地……

允许江晓原不坐班的？答曰：台长。好事者竟还要到台长处去核实，但历任台长都明确证……

一位台长还指出：江晓原每年发表这么多种论文，足以证明他是在辛勤工作的。好……

走去那是事出无奈。我既不抽烟，也不喝酒，又没有红袖添香以助文思。太太是坐班……

的职业女性，我为写文章绞尽脑汁之时，除了走来走去，还有什么办法？我写东西……

以发表、出版了不少东西，实因我用于「做学问」上的时间比别人多些。我对手……

能无动于衷，只是一味按既定方针办，安心读书写作。毕竟驽马十驾，功在不舍……

我之所以积极写作，当年还有不得已的苦衷。十几年前我女儿刚刚出生，正值用钱之……

《走来走去》书影

《周髀算经》书影

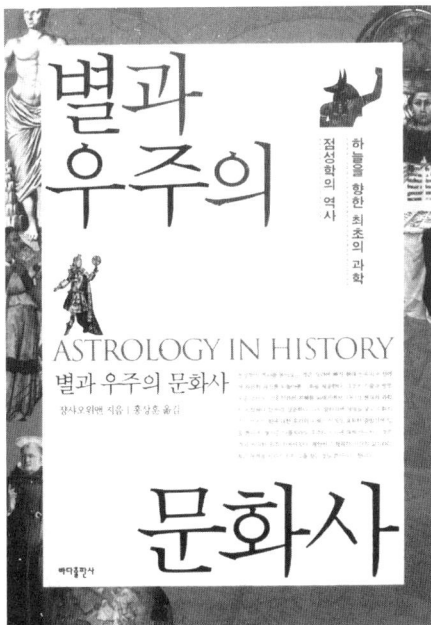

《12宫与28宿》韩文版书影

《12宫与28宿》中文版书影

《欧洲天文学东渐发微》书影

《回天》书影

《中国星占学类型分析》书影

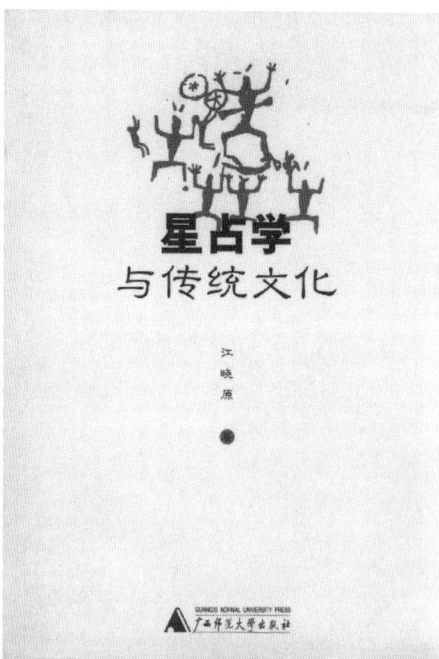

《星占学与传统文化》书影

《中华科学文明史》书影

　　记得当时出版社来约写《天学真原》的时候，具体跟我讲这件事的是葛兆光。他当时跟我说"国学丛书"里要约你写一本，你怎么写、写什么内容，一切都听你的。这个时候我已经出了几本书，但这种完全没要求我还是觉得非常爽，所以我就精神抖擞地写起来了。后来《性张力下的中国人》也是在这种状态下写的。没有任何约束。而且写的时候是几个月的时间全部集中于做这件事，整个人都沉浸于其中，这样写出来的东西效果也比较好。——实际上这种工作状态后来我很久都没有了，我现在事情太多，经常会被打断。写书毕竟不是简单的体力劳动，像个开关一样，合上就通电，关上就停了。写书这种事情，你这会儿想写可能没情绪，你有情绪的时候如果有别的事情打搅又坏了。为什么人家要搞一个别墅躲里面来写小说，我想道理就是这样，就是不能经常受干扰。现在呢，干扰多了，克服干扰需要极大毅力，而且要以身心健康受到伤害为代价。比如说一宿不睡觉，半夜里总没人打扰你了吧，偶尔为之倒不要紧，经常这样的话，一本写完，人也就住院去了。

　　写《天学真原》的时候生活条件很艰苦，那时候还没有电话，也没有空调。夏天在方格纸上写东西，汗总是把稿纸弄湿，我会在手下垫一张报纸。那时候我还没用电脑，写书都是写一稿，因为特别怕誊抄，我会在方格纸上一稿写定。但是这一稿我写得很慢，我会先在纸上写下很详细的小节提纲，包括引文在哪，要点是什么，等等。记得当时写的详细的提纲就有好几页纸。然后写完一节就划掉一节。偶尔也有把一张纸写坏，不得不重抄一下，但至少避免了对整本书进行誊抄。500字的大稿纸，写完一页放过去，就这样看着书稿一页一页地慢慢变厚。

　　另外，我很早就要求对自己的学术书做索引，写《天学真原》的时候，我也自己编了索引。那时候没有电脑，索引都是用手编的。我的做法现在听起来就很夸张了：我弄二十多张小纸片，按汉语拼音音序排好，然后把索引项一条一条按拼音放进去，最后再做一些调整。

一本《天学真原》的索引，每天工作，用了一个星期才把它编完，而且极其受罪。后来有老编辑告诉过我，当他们要核对某些他们极其厌烦的东西的时候，会有恶心的感觉；我那时候编索引就有这种感觉，它完全是一种生理反应。

我以前看书也是自己在后面做索引，因此我对索引还是很喜欢的，所以才能忍受自己搞一个星期。我有好几本书的索引都是用这种方式编的。好像后来的《天学外史》也是这样编的。

写《天学真原》时的那张桌子还在，现在已经不用了，放在书房中且供怀旧。那时写书的心境特别好，很安静，写的时候有适度的兴奋，但没有太兴奋，以至于兴奋到失去学术理性的地步。1990 年我当上了副研究员，还不出名，也没什么人一天到晚来找你，天文台的环境也不错，那时候也没搞量化考核，就是安心让你做学问。那种环境特别让人怀念。如果现在能有这种环境，现在的研究生肯定也能做得非常好。

有一次我师弟张柏春——现在的中国科学院自然科学史研究所所长——打电话给我说，你如果担任科普奖的评委，我那本书你千万别让我评上奖。那本书是他的博士论文，但是被报到一个科普的奖，他说这像什么样子呢，如果得了这个奖，好像我的博士论文是一个科普作品。

像这样的事情我也遇到过。比如《天学外史》，这本书其实是作为《天学真原》的姊妹篇来写的，所以我仍然采用了学术文本的形式来写，但是它后来却获得了第一届吴大猷科普佳作奖（2002 年）。这本书被报奖我事先完全不知道，等知道的时候它已经获了奖，因为它并非我的博士论文，所以我并不会有张柏春那样的顾虑。虽然我没把它当科普写，但能够获奖，我觉得也没什么不好。其实我从来没有做过科普，偶尔写过一两篇文章，但是我却得过科普的奖。古人说"不虞之誉，求全之毁"，这个就是"不虞之誉"啊，没想到它会这样子。不过我觉得挺好。

《天学真原》1991年初版书影

《天学真原》1995年台湾版书影

《天学真原》2004年新版书影

《天学真原》2007年中华文库版书影

国家自然科学基金[19573015]资助项目

天学
外史

上海人民出版社

江晓原
著

《天学外史》扉页

在科学院的环境中，研究人员从事科普活动似乎是有害的，对于评职称等并不会加分，而很可能起到相反的作用，所以很多人不愿意跟科普沾边儿。

4.3　"第二专业"

我经常跟人说的笑话是，我的第一篇学术论文、第一本书都是性学的。直到现在某些学术同行对我仍然有误解，认为我是搞性学的。其实如果查了文献就会发现性学在我的学术成果中占的比例很小。

我最早介入性学史是在北京读研究生的时候。那时，研究所院子里住着清一色的男生。师兄之中，有好几位是稍年长已经结婚而妻子仍留守在家乡的。当时所里有所谓"八年抗战"一说，即研究生三年读书，毕业后留所工作，五年内不予解决夫妻两地分居问题。那时师兄当中就有人一直"抗战"到八年之久，夫妻才得团聚。未婚的小伙子们当然也不时有堕入情网的。不久我自己也加入了已婚者的行列，而且也让新婚的太太留守在上海。在这样一个环境里，可想而知，"性"是大家研究学问之余谈得最多的话题。年长的师兄们常常喜欢讲述自己"文革"落难时在下层社会所见所闻的性风俗和性趣事，有时也会讲讲自己的性经历；师弟们虽非过来之人，却也摆出一副无所不知的架势，踊跃参加讨论。性的寂寞煎熬着这里的每一个年轻人，谈谈"性事"至少也是一种排遣。

从个人的兴趣来说，正像前面已经说到的，我自幼好古成癖，而性的历史归根到底也是历史的一部分，当然也在我感兴趣的范畴之内。这样，我不再满足于对"性事"的漫谈或闲扯，想要推进到"学术研究"的层次上去，于是便利用硕士论文答辩通过之后的一段空闲时间研究起中国古代的房中术来，结果竟写成一篇论文《中国十世纪以前的性科学初探》，并且发表在《大自然探索》上——这竟是我发表的第一篇学术论文。

准谈风月

江晓原
王一方　著

上海书店出版社
SHANGHAI BOOKSTORE PUBLISHING HOUSE

《准谈风月》书影

　　那时，性的禁区在国内还远远未被冲破，学者们还只在进行一些谨慎的尝试，例如吴阶平院士领导翻译了《性医学》一书。因此，我那篇论文发表之后引起了很大的轰动。据说许多大学图书馆中那一期《大自然探索》都被撕坏，甚至失踪了。

　　那篇论文发表之后，我也遭到一些人的批评。当时正巧在烟台有一次全国中青年科学史理论研讨会，杂志社把刊载该论文的那一期杂志带到会上送人，结果那次会上许多人都在谈论性学和性史。于是有人说我不务正业。但席先生在大会上说，江晓原写这个文章事先也是给我看过的，我看很好嘛。他这么一说，那些人会后就来向我道歉，说我们不知道你是席先生的高足，我们对你的文章发表了一些不成熟的意见。因为我是席先生的高足，所以来向我道歉，我觉得这很奇怪。但是这说明老师对这个事情是宽容的。

　　也是因为这篇论文，我收到了出版社的约稿。当时席先生劝我不要过多旁骛，但我那时年轻，对写书的诱惑实在无法抗拒。不久，《性在古代中国》在陕西科技出版社出版。那是我的第一本书。

　　在那之后，我又收到了科学出版社的约稿。本来不想进一步旁骛了，想要专心搞天文学史；而席先生也告诫我还是要以天文学史为主，他怕我搞过头了。但是，那毕竟是科学出版社的约稿。——当年念大学的时候在宿舍里跟同学聊天，年轻人各言尔志，有的同学雄心壮志希望将来教科书里要有一个公式或定理以他的名字命名，当然这个同学说了这么多年，现在还没有一个公式以他的名字命名过，但这表明了他在专业方面的追求。我那时候曾经表示过一个非常朴素的愿望，这辈子希望在科学出版社出一本书。那时候觉得一个人如果能在科学出版社出一本书，那就表明他在科学上作出了成就。我们讲这个志向的时候是1979—1980年前后，没想到几年后我便收到了科学出版社的约稿，虽然是一本普及性的小书写着玩的，但毕竟是科学出版社，它毕竟在形式上完成了我在大学时代的所谓的理想吧。于是，我一面向老师表示说，我会以天文学史为主，一面又写了那本书——

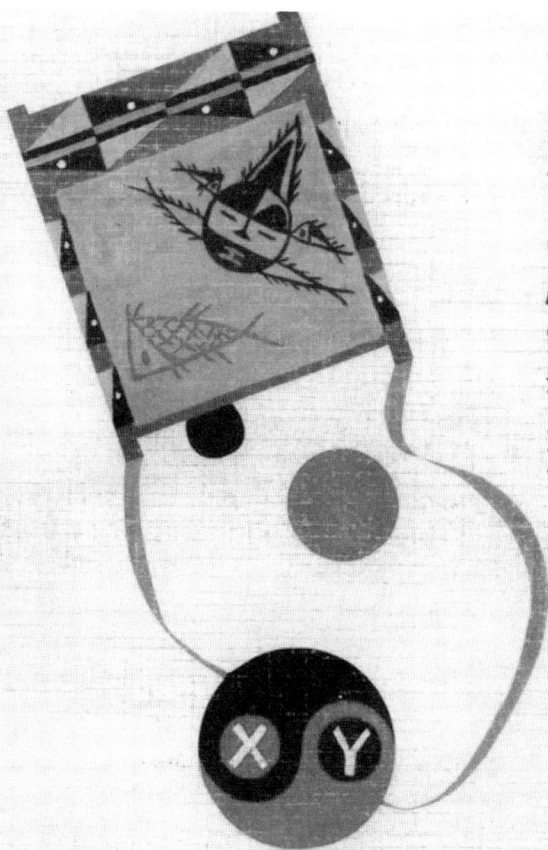

江晓原

中国人的性神秘

科学出版社

《中国人的性神秘》科学出版社版书影

《中国人的性神秘》。

到了今天，我已经出了50几种书了。我觉得，如果现在老师在天有灵要来检查我的书，他将非常坦然地看到江晓原还是听从了他的告诫，的确是以天文学史为主，性学的书很少，在50多本里只占5本，还不到十分之一。这无论如何不能说我没有以天文学史为主。我所出版的关于性的书每一本都送给老师，老师都会以欣赏的态度披阅并且说一些鼓励的话。

作为插曲，在《中国人的性神秘》出版之后不久，我跟科学出版社发生了争执。

在我威胁要告他们之后，该社终于向我支付了版税。其时，科学出版社把我的书偷偷卖给台湾，但我并不知道，直到有一天台湾的朋友带了一本给我，我才知道此事。我于是向台湾那家出版社询问此事，对方回复说得到了科学出版社的书面授权，并且保证作者已经给了他书面授权。他说你要是不信，我可以把科学出版社的文件给你看。我说算了，我信你，不用看了。因为那时候我们和台湾交往很麻烦，要靠纸质的信寄来寄去的。我当时想，一定是科学出版社说有我的授权，但事实上它从来也没有来征求我的意见，也没有跟我打过招呼——我都不知道出了台湾版，怎么可能有书面授权呢。

于是，我就给科学出版社写信，我说台湾的出版社是这么说的，那你们怎么也不告诉我，而且不向我支付任何费用。但是这封信并没有得到回复，也许科学出版社认为这样一个年轻人的来信不必重视。我于是又给该社写了一封信，在信里我非常直截了当地批评了他们，而且我说我周围的好几个人都想拿这个小CASE来操练他们的律师生涯。他们当时很想弄个小CASE来练习，所以打算来告它。我说我一直非常景仰你们社，是不想告你们的，可是你们这个事情做得太不像话了，如果你们再不理睬我的话，我就不再劝阻身边的朋友了——事实上，我真的劝阻过他们。

结果这封信写去之后，科学出版社很快就回了信，回信非常简

中國文化風情叢書

中國人的性神秘

江曉原

博遠出版有限公司

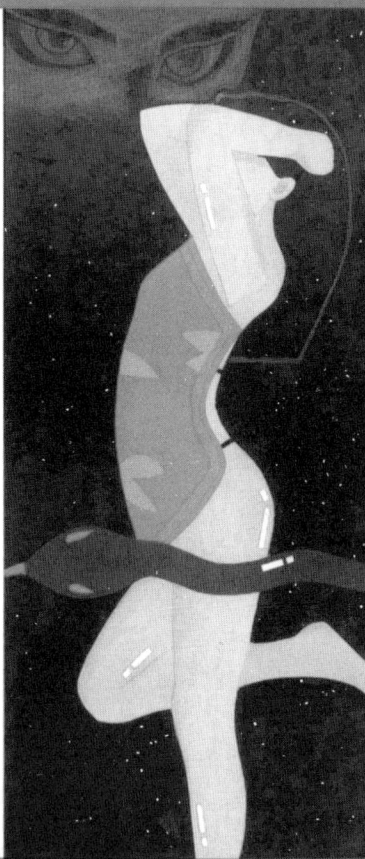

《中国人的性神秘》台湾版书影

单，说版税 2 700 港币，你是亲自来领还是委托人来领。这样，我就委托大学时的女同学——她就在科学出版社工作——代我领了。

这件事还有余波：我这封信不知道怎么被人复印了传到了科学史所，该所的一些人读了说大快人心，说从来没有人敢这么对科学出版社叫板，现在江晓原竟然威胁要告他们，而且科学出版社在被他威胁之后就向他付了钱。后来才知道，原来那时候所里有个女同志的夫婿在科学出版社的总编室工作。他看见了这封信，便拿了给他太太看，然后他太太又拿到了科学史所。于是江晓原的"恶名"就传开了，现在正面的解读是勇于维权，维护自己的知识产权；负面的解读就是这个人把钱看得很重，人家拿他的书卖了卖，就不依不饶，非要把那笔钱讨回来不可。

后来好多年我和科学出版社就没再打过什么交道。不过，在科学出版社出版的文集中也写过文章。记得有一次是写第谷的评传，结果我一直拖着不交，有一天代我领稿费的那位女同学写信给我说，你再不交我就要被扣掉 2 000 元奖金。那时候 2 000 元奖金是很大一笔钱，好几个月都挣不来的。我一听赶紧把手头别的事都放下，把这个文章写完交掉。

2007 年，我在科学出版社出了第二本书——《我们准备好了吗？》，这是"火蝴蝶文丛"中的一种。当然，它仍然不是学术书。不过这次我们合作愉快，毕竟已经是新一代的编辑和领导啦。

《性张力下的中国人》是我写的性学史方面最好的一本，我自己认为它可以跟《天学真原》并列。

《性张力下的中国人》是 1995 年在上海人民出版社出版的，当时他们采用了最严厉的送审级别，就是由出版社将全书的书稿交给上海市出版局有关部门去审读。后来听说审读此书的人是一位老太太，那应该是非常保守的，但是她没有要求我改任何文字，而且还容忍了我在书里放的十几张春宫图。但是 1995 年版的性张力仍然是没有插图的，因为在书稿审读回来之后，出版社的领导跟我商量说，春宫图最

我们

准备

好了吗

科学

幻想与现实中的

江晓原 著

《黑客帝国》：一个越讲越差的故事，机器人会不会统治世界

《基地》：一曲科学主义的赞歌吗，灵魂与大脑，哪个才完善得更

快，科学带来的问题都能靠科学解决吗，学术生态难道没有增长

的极限？科学对迷信，究竟谁胜谁败，炼金术，一个退化的科学

研究纲领吗

作者画像

幻想成为一只老猫，最恨「大

清早开会开死人」。

科学出版社
www.sciencep.com

《我们准备好了吗？》书影

好就不要放了。由于这些春宫图不是装饰用的，而是用来讨论某个具体事情的，所以把图抽掉了以后连文字也要改了。后来在2006年出新版的时候，我把春宫图重新放进去，书也通过了审查。当时出版方要求改书名，加了正题《云雨》，这个我也接受了，我觉得也无妨，尽管有人说这个书名俗气了。

在《性张力下的中国人》写作之前，我原有一个颇为宏大的"中国性史三部曲"研究、著述计划，《性张力下的中国人》是其中第三部。我第一、第二部都有详细的框架，第一部是文化人类学味道非常浓的，专门讨论上古文献中与性有关的内容，已经写了十多万字，但后来停顿了。第二部更专业，专门讨论房中术的。我搜集了大量房中术的文献。这三部曲我搜集了大量材料，而且是同时做的，并不是写完一部再做一部，后来出版社找我的时候，很想先出第三部，因为它涉及娼妓、色情文艺之类的东西，他们觉得更有劲。所以就先出了第三部。第一部已经写好的十万字还是在前电脑写作时代写的，现在如果要捡起来只需要把它输入电脑，而我在输入的过程中就会恢复到写作状态。但后来一直没时间做这个事情。

照计划，这三部曲还是要完成的，一直想等忙过这阵。我为它准备的东西都还在。我现在不是老说自己"过气"了吗，真的"过气"了我就有时间完成了。所谓"过气"就是媒体出版社都不来找你，在学校里退休了，那么就有时间来完成了。其实，我想完成的书还有一些，有些只是一个想法而已。

在《性张力下的中国人》完稿后，上海有一家杂志向我约稿，命题作文，要我写张竞生。热心的编辑还向我提供了有关的资料。于是我写了长文《张竞生其人其事》，不料交稿后杂志却不敢刊用了，据说是"怕出问题"——其实后来该文多次在别处发表和转载，从来没有出过任何问题。可见对于开放的程度，不同人的认识是大相径庭的。

几年前，很意外地接到张竞生次子张超的来信，告诉我台湾大辣出版社征得他的同意，出版了《性史1926》，也就是张竞生当年《性史》第一集的新版。张超要求一定要将我的《张竞生其人其事》一文冠诸篇首，出版社也同意了。因为张超认为，该文"是改革开放以来数百篇对家父（张竞生）的评价文章中最全面、准确和最有学术价值者"。能得到张竞生后人如此推许，对我来说，当然深感荣幸。这里还有一段插曲：《性史1926》出版后，在寄给我时被海关扣了。正好郝明义那时在北京，我就和他的助理联系，郝明义说这书我带来了，现在给你送过来。后来此事被上海电视台的人知道了，他们问我愿不愿意借给他们展示，我借给了他们，节目也播出了。后来他们还把这个节目刻了一个盘送给我。

比较好玩的就是《性感》那本书，该书的约稿过程十分有戏剧性：有一天《中华读书报》的书评版主编王洪波打电话给我说，你对"性感"有什么看法？我就在电话中对他说了一些我的看法，他就说这些想法很好呀，如果把这个写成一个书多好呀。过了几天王又打电话给我说，真的写上次那本书好吗？我表示可以考虑。几天后，出版公司的黄明雨打电话给我说他到上海了，有东西要给我。我去了，黄明雨拿了合同和预支稿费给我。其实我当时正是特别忙的时期，但是他们给我设下了这么个"温柔陷阱"，而且这个题目也是我所感兴趣的话题，于是我接受了约稿，并且随后便用了一些时间来写这个书。就这本书本身的内容来说，它没有太多学术价值，但是是那种很好玩的书。为了这本书的封面，我和黄明雨沟通过好几次，希望把封面弄得古朴一点，但黄明雨说那样的话会影响书的销售。后来出版时的封面并不理想，但至少是我所能接受的。

这里要插几句的是：后来我确实书出得比较多，每次交给编辑的稿子都是齐清定的。我觉得我和编辑打交道都很愉快，后来很多编辑都和我成了朋友。我也愿意听他们的意见，有一些事情要尊重他们的意见。比如说关于书的封面。书出得多了以后我开始自己关注封面。有很多作者从来不关心自己书的封面，出版社弄成啥就是啥，但我个人认为作者还是要关心这些细节。有时候我的看法和出版社是不一致

江晓原 著

云雨

性张力下的中国人

東方出版中心

《性张力下的中国人》
2006年新版书影

《云雨》腰封上
还有"中国性史三部
曲之①"字样

妓不仅不妨公然行之，而且常被视为风流佳话。这类可游
文士，特别是那些名士，似乎是必不可少的陪衬和点缀，
犹如绿叶之于红花。当年东晋谢安携妓作东山之游，一直
成为后世文士心往神驰的胜景，对此表现最突出者或当推
李白，且看他的诗句：

　　谢公自有东山妓，金屏笑坐如花人①。

　　我今携谢妓，长啸绝人群②。

　　谢公正要东山妓，携手林泉处处行③。

　　安石东山三十春，傲然携妓出风尘④。

在李白诗中，经常出现的意境之一就是"兴来携妓恣经过
，其若杨花似雪何"⑤；那个被称为"金陵子"的歌妓是"
落花一片天上来，随人直渡西江水"⑥，但后来李白又将她
"去"掉了，为此赋了"南国新丰酒，东山小妓歌"⑦。

① 《携妓登梁王栖霞山孟氏桃园中》。
② 《忆东山二首》之二。
③⑥ 《示金陵子》。
④ 《出妓金陵子呈卢六四首》之一。
⑤ 《忆旧游寄谯郡元参军》。
⑦ 《出妓金陵子呈卢六四首》之二。

《性张力下的中国人》手稿一页

的，在这种情况下，我也不是不愿意妥协，毕竟什么封面更有利于书的销售，出版社的人肯定比我专业。所以在书名、封面这些事情上我愿意关注它，愿意和他们商量，但我不是那种刚愎自用的人，我定的书名就不许改，我就非要这个封面，这对书也没有好处。

《性感》出版以后得到一些评论。比如刘兵和荒林的对话，对这本书的批评还挺严厉的，当然我不会介意。我后来还和荒林一起做过一次电视节目，节目中我们继续处在"敌对"的论战立场。

到现在为止，我已经出了50多种书，包括我写的、编的。编的书最多10来种，译的只有一种——《剑桥插图天文学史》。其中性学方面只有5种，不到百分之十，其余都是科学史和科学文化方面的。

进入二十一世纪之后，我的书开始经常重版。有一些反复重版，换了出版社重版。《云雨》（《性张力下的中国人》）出了第二版，而《天学真原》已经出到第四版。近年每年都有重版的书。我有时还要请出版社往后放一放——我怕一年出书太多被人批评。有的人就会说"不知道什么烂书一年出五六本"之类的话。而且一年中出得太多对于应付量化考核也是浪费嘛。

因为自己的这些经历，关于出书的事情，我有一些想法。其实我从来没出过畅销书。我的书里有一些是纯学术的，包括《性张力下的中国人》，当然也有一些介于学术与大众之间的。很多年轻人说出书很困难，他们会要求到哪里申请一笔钱，把它交给出版社，以寻求自己的书得以出版。我每次都跟他们说不要这样，最好是让出版社来找你，但是他们都不爱听我说的，认为我是站着说话不腰疼，饱汉不知饿汉饥，他们会说你是因为现在出名了，所以出版社会找你出书，你会觉得出书很容易，但是我们要出一本书多么困难。但事实是，我几乎所有的书都是出版社自己找来的，我最初那个时候根本也没出名。我跟他们说，你写一篇好的文章把它发在好的刊物上，别人就会注意你。等你写了N篇有影响的文章之后，就会有人来找你写书，这时候你就不会受罪了，不会说什么没有稿费还要倒贴钱，或者是包销

《性感》书影

感》中的两幅插图

2 000册啊，等等，这些令人痛苦屈辱的事情都不会有。等出版社来找你就好了。事实上，以前出版社来找我，就是因为看到我的文章。

比如前面提到过的那篇《中国十世纪之前的性科学初探》，我的第一本和第二本书的稿约就是因为这篇文章招来的。最近的一个例子是：我今年发表了一篇《科学的三大误导》，《新华文摘》作了全文转载，后来《新华文摘》总编给我来信说，很高兴转载了我的文章，他提出能否以此文为主干考虑写一本书，在人民出版社出版。因为这个文章的主题很有意思。这位总编完全不了解我，我以前也不认识他，这里肯定没有什么朋友关系，他纯粹就是对这个文章有兴趣。

这个例子说明，如果你好好写一篇有意思的文章，就可能有人会找你写书。不要急，不要整天急煎煎地。很多人是先写好了书，然后再找出版社，出版社却不肯出版。还有一些人以书出不了为荣，以书畅销为耻，这都是自我安慰，因为自己的书无法出版才会说这样的话。如果出版社请他出书，难道他会拒绝？非要写一本出不了的书才光荣？这都是不合常理的事情。

> **女性主义女学者荒林对《性感》的评论（节选）**
>
> 我是一个喜欢美文的读者，或者说，我对于有感觉的文字也比较有感觉，在这个角度，我承认首先是江晓原教授的幽默文风吸引了我。你知道，现在谈性和性感的书实在太多，太多是不忍卒读的东西，像江晓原教授这本《性感》这么系统、学术，而又好读的，我首先是把它当成好东西来读的。不过，也许就是这种好感觉开头，按照我读书的习惯，我就认真地阅读了这本首先让我有好感觉的书。结果呢，虽然不能说有种上当的味道，却的确相当难受。本来我也没有指望这本书会有男女平等主义，虽然作者一再在书中用到这个词，但作者太聪明的大男子主义却还是出乎我的意料。我的意思是，我认为这本学术地谈《性感》的书，其实是有知识有水平地看女人的性感，而不是讨论什么性感。正如你所说，这本书的大量"性感"风格的插图是呈现女人的性感，而我所注意的不仅是插图，而是作者对插图的解

说方式，比如一再说到女人的头发如何乱如何长才是性感，津津乐道，更有意味的地方是，作者在说明什么是性感之后，为了科学或客观一点，分举了女人的性感和男人的性感。前者以她的身体、头发和服装为中心，后者呢，据说是"权势和风度"！好的，就算是"权势和风度"罢，这本书却从此只字不再谈如何看男人的性感了！这真是一本好玩的书，我看着的时候想，作者是太聪明呢，还是带领读者玩儿？国内还没有哪本书像《性感》这样巧妙使用话语权，以学术之名，把大男子主义的赏玩女性技法展示得如此高超。

　　我也希望江晓原教授可以接受一位女读者的真实感受。就一本书来说，带给读者强烈感受也是它的魅力之一吧。我的意思是，我本来也可以说得委婉一些，这本有品位的书建立在对性感的历史性资料陈列上，同时饶有趣味地结合了现实生活中呈现的种种性感场景，由于它的丰富多彩和漂亮可读，我们也可以不计较它在逻辑上的一个小小"失误"——如果冷静一点，它在谈出"性感就是我要吸引你之后"，只谈了女性的性感，只展示女性吸引男性因而被男性品赏的历史，故意隐藏了男性的性感历史，这样的做法，我可以说是作者的智慧，通过深入浅出地展示女性性感的历史，证明和暗示男性将女性作为欲望对象是历史和现实的规则。但是，正如你提出的问题，知识，它是加强了还是削弱了男权意识的影响力呢？我的回答是，《性感》这本书，在我指出的这个聪明或智慧的"失误"上，体现的恰好是知识如何被用来加强男权意识的运作方式。江的方式很有代表性，也许因为他是出色的学者的缘故，他当然地就只写男性观赏女性性感的历史，他当然地充满自信和幽默，因此也当然地通过知识的话语权，加强了男权意识的影响力。虽然现实中我们女性遭遇像这样的观念或态度很经常，然而江的方式，是更为有力的，因为他巧妙的逻辑一般人发现不了漏洞，他丰富的知识一般人更无与伦比，用知识的逻辑来说服和证实人们的偏见，让人们把偏见当成历史规律和现实必然，这正是男性中心意识形态建立之本。在我看来，面对这样的书，比较合适的做法，是指出它的逻辑"失误"。然而，知识需要知识说服，更好的姿态是另写一部男性性感，或是两性性感比较。不过，在没有这样做之前，合适的批评，女性主义立场的批判，是可以起到一些匡正作用的。至于说到女性主义应该有什么样的心态才是最好，我想这得看对象而定，以江教授在书中的幽默姿态，另一种幽默才是解剂吧？可惜有时候真的比较难以办到。

5　我的书评生活

从 1999 年进入上海交通大学以后这十年，我变得更忙；从全国整个学术环境来说，也开始变得越来越差，我对学术也逐渐厌倦了，而更多地进行非学术文本的写作。我现在读书仍然有一些不是我的兴趣。比如有一些书要我写评论、写序、写评审推荐建议，等等，这样当然就要读过书才能下笔。有出版社曾告诉我说，我已经为很多书拿到了上海市的资助，"看来你写的推荐很管用"。

我也开始为一些书写序，有时候还做挂名主编，这都是我年轻时候所抨击的。但我现在认识到了做这些事情很多时候都是为别人，是别人需要他们做的，很多人还可能因此受累。如果我今天再做回当年的青年学生，就不会再像当年那样愤情情怀了。我现在已经给不少书写过序，有时甚至挺高兴这么做。

几年前有一次媒体采访我，问我少年时的理想是什么？我一时不知如何回答是好。我少年时浑浑噩噩，虽然比较早地喜欢上了读书，但是好像没有什么理想和抱负。后来我努力回忆，想起我曾经有过一个"理想"，那就是希望自己能够经常读书，并且发表对所读之书的看法。那时我并不知道有"书评"此物。谁想到几十年后，这个算不上"理想"的理想，居然不知不觉在我身上实现了！近年我每年都要评论、推荐数十种图书，我甚至被中国图书评论学会和全国 27 家相关媒体评为 2006 年度全国四位优秀书评作者之一。

《金枝》书影

金赛性学报告》书影

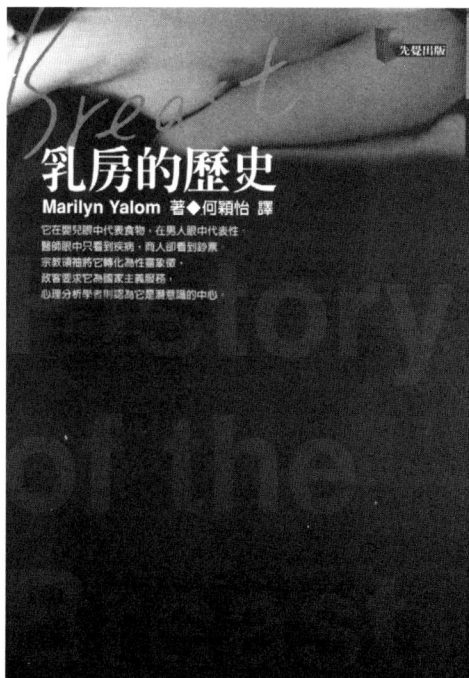

《乳房的历史》书影

《数字城堡》书影

《时间简史》书影

在作为书评作者的同时，我还扮演着报纸书评版编辑的角色，八年来，我一直作为"特约主持"负责编辑《文汇读书周报》的"科学文化"版。和其他编辑一样，我也向作者约书评稿，当然也催稿。这种双重角色让我觉得很有趣。

有的人认为，一篇独立的书评，所评之书必须是书评作者自己掏钱买的，这才"干净"，而推荐、评论出版社赠送的书，就不值得信赖了。其实这是一种幼稚的想法。书评是否独立、是否有价值，和书评作者以什么方式获得所评之书，并无必然的关系。出版社将一本好书送给你，你怎么能因为这书不是自己掏钱买的，就明知是好书也不推荐不评论呢？而出版社送给你的书你觉得不好，你完全可以不推荐不评论。遇到这种情况，我就是这样处理的。我承认，我写的大部分书评是赞扬的，但确实也有批评的，还有谢绝写书评的情况。由于大多数情况下媒体和出版社对我都是相当了解的，所以他们不会勉强我写我不愿意写的书评。

我之所以愿意写书评，还有一点私心在里面。

虽然我们经常在嘴上感叹着"如今这个浮躁的时代啊……"，其实很多人对这种浮躁是乐此不疲的——毕竟在此十丈软红尘中，有诱惑，有满足。我知道自己也是俗人一个，并不能跳出三界之外，也不是没有一点浮躁——二三十年前我倒是不浮躁，能够潜心读书，但是如今已经未能免俗。对于自己如今之不能潜心读书，当然也可以为自己找一些理由，比如工作忙之类，但反躬自省，则诱惑难以抗拒，惰性难以克服，都是重要原因。既然如此，如果有人来帮助我克服惰性督促我读书，岂不甚好？

然而仔细想想，在"如今这个浮躁的时代"，你到哪里去找督促你读书的人啊？更别说长年累月这样做了！那么，这些来约我写书评的编辑们，经常给我送书，和我讨论书，讨论选题，约稿之后又会及时督促、提醒我，使我不得不经常读书——他（她）们就是可以帮助我克服惰性督促我读书的人啊。

书房中的杂志

因为常常受约写书评，我对书评的写作与阅读也产生了一些想法。比如说我们如何判断一篇书评的优劣高下，书评所体现的阅读趣味，等等。

一个好的书评，其实有这样三个任务：第一是介绍这本书，这一点几乎所有的人都能完成，只要他能看懂这本书；第二是要做出评价，把书放在合适的背景中来评价它，这就有一部分人不能完成了，因为这要求书评作者对同类的书、对相关的主题有所了解；第三个境界相对更难，就是看你的趣味，从书里挑一些好玩的东西来和你的读者分享。一个没有趣味的人根本挑不出来，他自己就不好玩，他不能从中看到好玩的东西，或者明明好玩，他也认为不好玩，认为不值得提这件事，这个是很考验人的。

我觉得这三个层次一个比一个要求高，当然它也是向下兼容的。恰当的评论或是介绍这本书的有关情况，一个认真的书评人应该都能做到。恰当的评论，当然要比简单介绍它的情况难一些。因为这需要你对这本书涉及的背景有所了解。完全不了解的书，评论的时候就很难恰当地评价。拿我自己来说，虽然我评论的书范围相当广，但肯定还是有许多书我是绝对不评论的，比如你从来没看见过我评论一本财经方面的书吧？因为我根本不了解背景，无法把那本书放到背景里去，因为对这部分书完全不了解，构不成背景。如果是让我评论一本科学史的书或性学的书，那么我能够把它放到合适的背景里去。

书评最体现个人色彩的地方，其实就是看你是否可以读出这本书里你觉得好玩的东西，或是觉得有价值的某些细节，把它提出来，这样一方面你的书评就会有趣味，另一方面通过这些东西也直接检验了你本人的趣味——学术趣味或艺术趣味。比如《无人读过的书》，尽管对许多人来说，这本书的确有点枯燥了，很多内容涉及文献版本的论述，但书里面还是有一些细节很好玩。你有眼光就会觉得这个细节、八卦好玩，我们写书评的时候这样做对自己也是考验。如果低级

[美]欧文·金格里奇 著
OWEN GINGERICH

王今　徐国强 译

THE BOOK NOBODY READ: Chasing the Revolutions of Nicolaus Copernicus

NICOLAI
COPERNICI TO·
RINENSIS DE REVOLVTIONI
bus orbium cœlestium,
Libri v i.

IN QVIBVS STELLARVM ET FI
XARVM ET ERRATICARVM MOTVS, EX VETE
ribus atq; recentibus obferuationibus, reftituit hic autor:
Præterea tabulas expeditas luculentas q; addidit, ex qui
bus eofdem motus ad quæuis tempora quam facilli
mum eft, ex archetypo fectifitæ calcu
lari poterunt.

ITEM DE LIBRIS REVOLVTIONVM NICOLAI
Copernici Narratio prima per M. Georgium Ioachi
mum Rheticum ad D. Ioan. Schone
rum fcripta.

Cuius Copernicum ... in folio 120.

BASILEÆ, EX OFFICINA
HENRICPETRINA.

无人读过的书

哥白尼《天体运行论》追寻记

生活·读书·新知 三联书店

《无人读过的书》书影

趣味，你就会选出一个你觉得很好笑的东西来，其实人家一看就会说这小子低级趣味；或者对背景不了解，把某个你觉得很稀罕的内容郑重地提出来，但其实这个内容是圈子里尽人皆知的，这时你把它提出来，丝毫不显示这个作者的水平、这本书的水平，反而透露了你对必要的背景缺乏了解。书评要写好肯定要求你对这类书很熟悉。比如有时候让某个同学练习写一个书评，他对有关的书都不熟悉，整个书评就盯住这本书，虽然大多数书评都是这么写的，但实际上这样的书评是没劲的，它只完成我们前面说的第一个功能，评价谈不上了，至于趣味那就更谈不上了。

因为经常写书评，我和出版社的关系就密切起来，想要什么书就可以问出版社要，这样很开心的。作为一个书虫，可以看很多书。现在我自己很少买书了。在年轻的时候，经济拮据，没有人送我书，喜欢的书必须自己去买，而现在反而很多书不用买了。

有时候我在想，当你发现你开始用阅读和写字谋生的时候，这两个事情还是你愿意做的，那就是很幸福的。那你应该知足了——因为大部分人谋生的事并不是他们最喜欢的。

6 两种文化

我研究生阶段的专业课都是在老板的书斋里听受的。记得第一次到"二化斋"时，我惊讶于里面竟然有这多书，而且几乎没有一本跟老板出身的专业——天体物理学有关的。在南京大学天文学系念本科时，我或许由于性格的原因——不喜随众甚至有点逆反心理，在同学纷纷为考"托福"而日夜苦读英语时，我常常泡在文科阅览室里翻古书，所以文史类的书也稍有涉猎。但在"二化斋"里我却见到了许多未曾见到过的好书——说老实话，

《看！科学主义》书影

《交界上的对话》书影

《东边日出西边雨》书影

《小楼一夜听春雨》书影

当时还不知道这些书好在哪里。

　　……记得第一堂课上，老板从书架上抽出一本陈寅恪的《寒柳堂集》，要我读了其中的一篇《莲花色尼出家因缘跋》，然后体会陈老的为文之法：论证的思路、史料的运用、说理的技巧，等等。对当时初入门的我来说，能领会其中二三成就很不错了。事实上直到现在我还不敢说已经领会透彻。但有一点，从一走进"二化斋"我就体会到的，要做好学问，仅仅看几本专业书是远远不够的。

——钮卫星："二化斋"学得记

　　"二化斋"的名字来自我刚回上海时住的那套房子。那套房子在五楼，当时，我们还没有煤气，所以当要烧炉子做饭时，我就得把蜂窝煤从一楼扛到五楼来。当我这样做的时候，我就在想，这真是知识分子劳动化，劳动人民知识化——我在那个小屋子里写书的时候不是劳动人民知识化吗？我扛煤的时候肯定是知识分子劳动化。我最初就是出于一种自嘲而把它叫作"二化斋"的。后来别人对这个名字也有其他的解读。比如钮卫星在他的文章里曾经给出一种解释：理科学者要文科化，文科学者要理科化。这当然也是我愿意接受的解读之一。

　　说到这里就不免要提到我若干年来对于"两种文化"的思考。这种思考在最初的时候还只在我的学术之余，但后来，它也渐渐成为我学术思考的一部分。

6.1　"两种文化"

　　先说几个我亲身经历过的例子。

　　我在南京大学读书的时候，学校里曾有明确规定：文科的学生可以在大礼堂看外国电影，但理科的学生不准看；文科学生可以借阅图书馆所有对外借阅的图书，但有很大一部分人文书籍不准理科学生借阅。这些限制都是通过验看学生证、借书证等来实施的。至于理由，据说是理科学生对某些人文读物"缺乏分析批判能力"。尽管我非常热爱母校，但今天回想起来，我仍然觉得这种规定实在是一个大学的耻辱。

几年以后我在中国科学院上海天文台工作时，又在上海图书馆遇到类似的、更加令人愤怒的事情：当我去借阅一些古籍时，遭到粗暴拒绝和嘲笑："拿着天文台的介绍信也想来借这些书？"我找有关负责人理论，该负责人向我解释：因为你们天文台是"理科"的，所以不能借。

人们很自然地将科学和人文的分离归咎于教育制度，比如中学里就分文科班、理科班，以及大学里课程设置之不合理，等等。其实教育制度之设置是为社会需求服务的——是社会的发展和运作使得"术业有专攻"的人容易获得，谁要是想步亚里士多德后尘，打算将自己造就成一个博学通才，他就要作出远远大于其他人的投入（包括时间和金钱），而回报有多大却很难把握。因此追求"文理兼通"在今天是一件极其奢侈的事情。

曾经读过达尔文的《我的思想和性格的发展回忆录》，这部回忆录写于达尔文 67 岁那一年。当时这本书特别吸引我的内容之一是他谈到自己少年时对诗歌、戏剧、绘画、音乐等有过热烈的爱好和兴趣，时常一连几小时静坐不动读莎士比亚的历史剧，但是到他写作回忆录却已是另一番情形："到现在，很多年来，我竟不能容忍去阅读一行诗句；最近，我尝试去阅读莎士比亚的作品，却发现它枯燥乏味，使我难以容忍，以致厌恶万分。我几乎也丧失了对绘画和音乐的兴味。"对于这些"高尚的审美的兴趣"竟会消失殆尽，达尔文感到惊奇而悲哀。他忧心忡忡地写道："这些兴趣的丧失，也就是幸福的丧失，可能会对智力发生损害，而且很可能也会对品德有害，因为这种情形会削弱我们天性中的情感部分。"

MAN HAS MADE HIS MATCH
...NOW IT'S HIS PROBLEM
HARRISON FORD IS
BLADE RUNNER™
JERRY PERENCHIO AND BUD YORKIN PRESENT
A MICHAEL DEELEY-RIDLEY SCOTT PRODUCTION
STARRING HARRISON FORD
IN BLADE RUNNER™ WITH RUTGER HAUER SEAN YOUNG
EDWARD JAMES OLMOS SCREENPLAY BY HAMPTON FANCHER AND DAVID PEOPLES
EXECUTIVE PRODUCERS BRIAN KELLY AND HAMPTON FANCHER VISUAL EFFECTS BY DOUGLAS TRUMBULL
ORIGINAL MUSIC COMPOSED BY VANGELIS ASSOCIATE PRODUCER IVOR POWELL PRODUCED BY MICHAEL DEELEY DIRECTED BY RIDLEY SCOTT
ORIGINAL SOUNDTRACK ALBUM AVAILABLE ON POLYDOR RECORDS PANAVISION® TECHNICOLOR® IN SELECTED THEATRES
A LADD COMPANY RELEASE IN ASSOCIATION WITH SIR RUN RUN SHAW
THRU WARNER BROS A WARNER COMMUNICATIONS COMPANY
© 1982 The Ladd Company. All Rights Reserved
R
RESTRICTED
BLADE RUNNER

《银翼杀手》海报

达尔文的悲哀是深刻的。因为他意识到自己对诗歌、戏剧等的厌恶并非外力压迫的结果，而可以说是发自内心的。长期的自然科学训练和工作，改换了他观看世界的眼光，他固然可以看到许多别人看不出的奥妙，却也同时失去了别人所拥有的某些感受能力。达尔文的可贵之处则在于，他到底还能清醒地认识到自己这些趣味和能力的丧失，并估价其后果。而不少科学家则深陷于这种"异化"之中却不自知，他们充满自信地以自己所知的那一小部分科学知识为满足，以此自傲，也以此骄人。

发生在达尔文身上的这种悲剧，也一直在同时代和此后的千千万万科学家身上反复重演——尽管许多人不相信其后果会严重到"对品德有害"。从那以后，随着现代文明的高速发展，使得自然科学与人文学术之间的距离越来越遥远，这两种"文化"一直处在日益严重的分离过程中。

昔日亚里士多德那样博学的天才大师，如今已成天方夜谭。这当然并非好事，只是人类为获得现代文明而被迫付出的代价罢了。有识之士很早就在为此担忧。还在 20 世纪初，当时的哈佛大学校长康奈特建议用"科学与学术"的提法来兼顾两者，就已经受到热烈欢迎。那时，"科学史之父"萨顿正在大声疾呼，要在人文学者和自然科学家之间建立一座桥梁，他选定的这座桥梁正是科学史，他认为"建造这座桥梁是我们这个时代的主要文化需要"。而在 1959 年，C.P. 斯诺在剑桥大学发表了著名的演讲《对科学的傲慢与偏见》，深刻讨论了当代社会中自然科学与人文科学日益疏远的状况及其带来的困境。他当时认为科学的权威还不够，科学还处于被人文轻视的状况中，科学技术被认为只是类似于工匠们摆弄的玩意儿。因此他要为科学争地位，争名分，要求让科学能够和人文平起平坐。从那时到现在已经过去了近半个世纪，历史的钟摆摆到另一个端点后，情况就不同了。斯诺要是生于今日的中国，特别是那些以理工科立身的大学中，他恐怕就要做另一次讲演了——他会重新为人文争地位，争名分，要求让人

江晓原 刘兵 主编

乔治·萨顿 著
GEORGE A. L. SARTON

文艺复兴时期的
科学观

郑诚 郑方磊 袁娜 译
杨惠玉 校

上海交通大学出版社

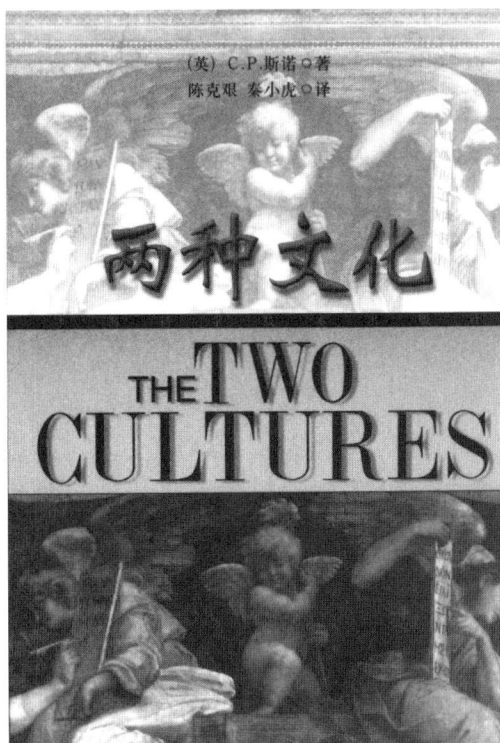

（英）C.P.斯诺 著

陈克艰 秦小虎 译

两种文化

THE TWO
CULTURES

《两种文化》书影

文能够和科学平起平坐。

打破文科与理科之间的鸿沟，沟通"两种文化"，一方面是一种个人追求，而另一方面也还需要一种社会环境。从我的个人经历来说，我当年狂妄无知，少年心事，发愿要做文理兼通之人，所以去考天体物理专业，后来竟真能有机会从事文理交界上的工作，而且还能以此工作谋生，亦可谓幸运矣。我是当时的环境造就的，那时看书不像现在被应试教育束缚着。现在正常的教育模式并不鼓励我这样的"歪门邪道"，没法重现当年那种情形了。现在的年轻人想文理兼通太难了，在这个商业社会里，他们不得不怀着功利的目标，为了获得工作、升职、成家，他们必须采取理性方案而不是浪漫方案。现有体制内，或许只有经济条件非常好、毫无经济压力的富家子弟才有可能专心研习文理吧。

虽然在可见的将来，学科分工所造成的伤害还无望根除，但我们至少应该设法减轻这种伤害，而不是去加剧它。文理兼通确实很难，但并非绝对办不到。更重要的是，全面发展，这毕竟是值得人类追求的一个目标。每个人都不应该、也不会愿意有一个极端单调乏味的人生。进行这种追求绝不是浪费时间，时间不是问题，有兴趣就会有时间，更何况，文理兼通这种目标是要准备用一生的时间去追求的。

作为一种努力，我们上海交通大学科学史系，自创建以来一直是有计划地文理培养，文理科生皆收，文科出身的给予数理课程，理工科出身的给予人文色彩浓的课程。这样做也就是尽量给这些有此个人追求的人创造条件。

2002年，我们系的一份研究生考试复试考卷在《中华读书报》上刊出之后，引起了热烈的讨论，也成为有关"两种文化"讨论的一部分。这份考卷大概吓跑了不少想报考我们系的学生，不过，也有后来进入本系学习的研究生表示就是因为看到这份考卷才萌生了想要报考本系的想法。

《中华读书报》上关于这份试卷的争论：

　　据说网络时代极大地改善了人们的话语空间，人们纷纷染上"多语症"，同时还并发着"博学症"。君不见网络空间里到处可见思想的随意"早泄"，免费邮箱、聊天室里长满了精神的"豆芽"，闲逛几个网站首页就可速成一批"博学家"。一些大师级的"百科全书派"CEO还不满足虚拟空间的速朽，以为此番操练不足以扬名立万，于是胳膊腿又伸向平面媒体。前不久《中华读书报》上刊载的"上海交大科学系2000年硕士研究生复试试题"就是这么一篇"万金油主义"的杰作。

　　这套试卷分三部分，一曰"科学常识"，二曰"综合常识"，三曰"语言基础"，上及天文，下涉地理，从秦始皇说到希特勒，由诗经的解诂扯及Wilde的译法，内容不可谓不"博"，知识的疆域不可谓不广，而且其中"陷阱"甚多。但总不曾脱去"常识"与"基础"，若是作为某次白领沙龙里的有奖知识竞赛，确是一套好赛题，退一步讲，即使是作为科学史专业招考学生的初试命题也未尝不可，但把戏玩到"复试"，实在有些太过分，让人感到命题者不过是在作"博学秀"，本质上是一种常识主义的博学滥情。

　　　　　　　　　　　　　　——图八禄："万金油"时代的博学滥情

　　7月12日《中华读书报》以《一份罕见试卷引出一个沉重话题》为题，刊登了上海交通大学科学史系2000年硕士研究生复试试题（以下简称《复试试题》），以及刘兵先生对该试卷的点评。以前也听说过某理工科大学教授要研究生背诵《道德经》全文无误才准入学之类的趣闻，现在见到这样一份试卷，自然给笔者留下了极深印象。

　　后来收到编辑部转来的一封署名朱莹的读者来信，和署名图八禄的文章《"万金油"时代的博学滥情》（以下简称《滥》），命我发表意见。我见此一信一文对那份"罕见的试卷"一褒一贬，观点针锋相对，倒也十分有趣，愿意借报纸一角，略陈管见。

　　朱莹的来信，有感于在很多情况下，"我们培养出的并不是具有综合素养的人才，而是一些有知识没文化的科技工匠"，所以很乐意看到这份试卷对传统考试模式和只具应试能力的学生所构成的冲击，并且为之喝彩，堪称情真意切。

而图八禄先生的《滥》文可以说完全是破口大骂。

他先从网络说起，用了"多语症""博学症""思想的早泄""精神的豆芽""万金油主义""常识主义"，等等词语，让笔者眼花缭乱、应接不暇。说老实话，类似的语言在一些网站的 BBS 里倒是不缺的，莫非图八禄先生也深受网络"多语症"之害？

好在《滥》文很快就切入了正题，对《复试试题》发表了高见，认为如此命题是作"博学秀"，是不足取的。《滥》文还提出了一些看法，认为《复试试题》"作为科学史专业招考学生的初试命题也未尝不可"；认为应该"有那么几本被称为经典的著作，几个经典的学说"，而"参加考试也应答一些有'根'的题目"——有"根"的题目就是出自经典的题目；最后《滥》文明确表示推崇一种"深刻的片面"。

……

诚然，一些领域内的学问做到一定深度，可能跟别的领域有很少甚至几乎没有相关性。但我们又怎么能心安理得于自己的"片面"呢？陈寅恪、王国维诸导师能由"博"返"约"，这不更说明了我们应该先做到"博"吗？其实"博学滥情""以博炫己"之辈，并没有真正做到博学。学海无涯，当你学得越多，就越会发现自己的无知与渺小，也就无"情"可"滥"，无"博"好"炫"了。

最后，我忍不住要发表一点感慨。我觉得图八禄先生缺乏实事求是之意，颇多哗众取宠之心。他骂语中的"思想的早泄"倒不失为小小妙喻，然而他自己根本没有把问题想清楚，立刻就怒气冲冲地破口大骂，非"思想的早泄"而何？我看这一妙喻只好璧还给他自己享用。

——谢三家：怒气冲冲的"思想早泄"

6.2 我们的科学文化

关于"两种文化"的讨论后来渐渐地不再停留于理论层面。近若干年来，我和我的朋友们也在这方面做了一些具体的工作。

从 2002 年开始，我和刘兵在《文汇读书周报》上开设了一个对话专栏，刘兵建议取名"南腔北调"，因为我们两人同在 1999 年从中国科学院系统调出，他去了清华，我去了上海交大，正好一南一北。这个"南腔北调"专栏至今还在继续着，已经是第八个年头了。我们每月谈一次，主题集中在当代"两种文化"的冲突。有趣的是，我们的这个对谈专栏曾经得到新闻出版局的通报表扬。

后来，我和刘兵又在《中国图书评论》杂志上开设了"南辕北辙"专栏，论题更宽阔些，但仍然秉持着我们思考当代"两种文化"冲突时的立场——我将它称为"温柔地清算科学主义"。

几年来，我们所发表的一些观点，都引起了或大或小的争论。特别是我们每年一度的学术研讨会议，发表了《对科学文化的若干认识——首届"科学文化研讨会"学术宣言》《岭树重遮千里目——第四次科学文化会议备忘录》《一江春水向东流——第五次科学文化研讨会备忘录》等文献，引起了许多反响。网上的某些言论，有歪曲原意者，有冷嘲热讽者，有扣帽打棍者，有攻击谩骂者……对于这些，我向来淡然处之。我有所谓的"三不政策"——几经斟酌，最后的表述是："不骂人，不吵架，不停步"。

我的"三不政策"

"不骂人"是一种自律：非但不主动骂人，而且挨了骂也不回骂。要知道，骂人可是一件非常爽的事情啊！记得有人讲过一个故事：有某老者身体健康，精神矍铄，旁人叩以养生之道，老人曰："无他，只是想骂谁就骂谁罢了。""想骂谁就骂谁"，当然是极难达到的境界，美国总统布什也达不到，想来只有金庸《侠客行》中凌霄城里自大成狂的白自在，差能近之。但是退而求其次，拣那些能骂的人骂骂，也不失为养身之道啊。况且"人不骂我，我不骂人；人若骂我，我必骂人"，似乎也是天经地义的。但我在文字上坚持不骂人——文字上骂人被金庸称为"语言暴力"。

"不吵架"当然是指不打笔墨官司。这和"不骂人"还不是一回事，盖可以不吵架而骂人，亦可以不骂人而吵架也。打笔墨官司其实

《异形》海报

也是一件蛮爽的事情，然而非常容易跃迁到骂人的能级上去。我虽深知其爽，但惧其破坏心境，毒化气氛，大多数情况下于事无补，故亦时时深戒之。

"不停步"则是某种责任感。我们知其爽而且能养生，但仍然坚持不骂不吵，是因为面对媒体，学者的首要责任是传播学术理念，积累思想资源。所以我们不能因为有人骂而停步，甚或陷溺于骂人吵架的快感享受之中，我们要做我们应该做的工作——那些工作夜以继日也来不及做，哪有时间精力去吵架骂人呢？

——《交界上的对话》自序

这样三句大白话，似无深意，但是真正要实行起来，却也不是很容易的。

这个"三不政策"，后来成为我们这群朋友的共识。

从2007年开始，我和刘兵开始主编我们这群朋友的同仁出版物《851^M：我们的科学文化》丛刊，由华东师范大学出版社出版，目前已经出版了4辑，依次是：

《科学败给迷信？》（2007）

《阳光下的民科》（2008）

《科学的异域》（2008）

《科学的算计》（2009）

第5辑《伦理能不能管科学？》（2009）已经交稿，正在排印中。

我们还提出了"科学文化人"的生活理念，用四句偈语表示：

适度讲科学

凡事别做绝

工作凭兴趣

生活重感觉

851^M

我们的科学文化

江晓原
刘 兵 主编

科学的算计

华东师范大学出版社

4

《我们的科学文化》书影

6.3　科幻的三重境界

我有一段时间对所有的小说、诗歌很排斥。那是在 80 年代中期到 90 年代中期，我最热衷学术的时候，这些爱好都离我远去了，整天把自己弄成一个学者。热衷做学问、从事科学工作的时候，会觉得小说完全是瞎掰。过后再想，这其实也正是一种阅读趣味和能力逐渐丧失的过程。前面曾经提到达尔文在他的回忆录中说他做科学研究的时候就不看小说、诗歌，他认为这完全是科学工作对他的伤害。我之所以对此深有同感，也正是因为有这样一段亲身经历。

但是在 2003 年我获得了"拯救"——我发现我在迷上影碟之后，重新开始喜欢小说了，而读得最多的则是西方的科幻小说。

2003 年闹"非典"的时候，学校里的例会、活动大多取消，我因此可以有更多时间赖在书房里。就是在那段日子里，我喜欢上了看影碟。

如果我们将电影视为一种"文本"，那么观影当然就可以是一种阅读。如今观影已经成为许多读书人生活中的必不可少的一部分。

但是，自己（或与家人、好友）在家中看影碟，和上电影院看电影，并不是一回事。关于这个问题，我和朋友讨论过不止一次，意见颇有不同。

有一次我和一位电影导演（就是后来导演了《高考 1977》的江海洋）讨论这个问题，这位导演认为，不去电影院，那"根本就不叫看电影"。除了电影院大银幕视觉效果好、音响效果好之类显而易见的理由，"电影院派"最重要的理由之一是相当诗意的：认为在电影院看电影才"有感觉"。

我本人是坚定的"影碟派"——我在家中观影比在电影院更"有感觉"。打个香艳的比方吧：如果将电影比作一位美女，那么去电影院就好比参加她的演唱会或生日派对，而在家中观影就好比和她单独

《西蒙妮》海报

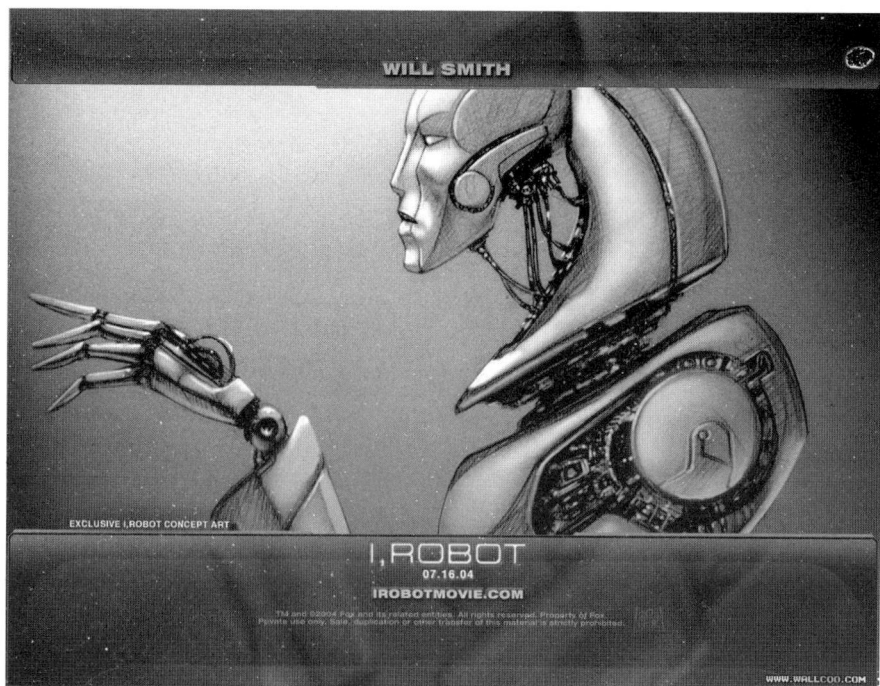

《机械公敌》海报

约会。还有一些在家观影的优点，诸如可以倒回去重看某些段落，可以暂停去上厕所、去续茶、去接电话，等等，也是显而易见的。对于要写影评的人来说，可以倒回去重看当然是非常重要的。

但是"影碟派"最重要的理由之一，我认为应该是"拥有"。一部电影，哪怕你在电影院看了10遍（我生活中遇见的人中，看同一部电影次数最多的是30多遍——那小伙子看的是《大话西游》），你也无法"拥有"它；而当你买了一张影碟放在家中时，你才终于"拥有"了这部电影，这难道不是非常重要的吗？

正因为要"拥有"，所以"影碟派"的基本功课之一是淘碟。淘碟与淘书非常类似，其过程本身能让你乐在其中，同时也需要一些相关的知识。不过淘碟需要的相关知识比淘书要更复杂些，更专门些。比较可行的办法，除了向老手私下请教，就是阅读有关杂志，比如《DVD 导刊》和《看电影》。

淘碟需要有一个"入段"的过程。许多人淘碟好几年了，仍然不能入段——具体表现为：对 DVD 版、电影版的视频质量无法一眼就分辨出来，对自己买的碟质量好不好始终无法把握，等等。我因为虚心学习，对有关的技术问题又有兴趣，一两个月就完成了"入段"的过程，对于判断影碟的质量（这里是说影碟的视频、音效等方面的质量，不是指电影本身的质量）相当有把握了。

几年之间，我已经收藏了三千多部电影，而且基本上都是相当优良的版本。我从一开始就为这些影碟在电脑上建立了数据库，记载着每部影碟的原文片名、中文片名、碟片格式、声轨、视频等级、观影日期和观影后的简要笔记，以及我对该影片的"评级"。对于有些影片，我写过评论，或者从网上收集过信息，我就在数据库中为它们建立链接。而在网上收集电影海报，又成了写作间隙休息放松的游戏，我电脑的屏保就是由数千张电影海报组成的。

我将收藏的影碟分为如下几类："幻想""文化""黑帮·警匪·探案""情色""动作·间谍""惊悚·魔幻""历史""战争"，等

《撕裂的末日》海报

等。其中"幻想"类的数量最大，这当然是因为我对科幻影片特别关注，所以收藏较多。许多电影因为有多重主题，实际上很难归类，我也只能根据自己的感觉来处理。好在利用微软 Excel 制作的数据库有很方便的搜索功能，查找不成问题。另外，在已经收藏了三千多部的情况下，淘碟过程中买重是难以避免的，这时数据库就会在你录入时提醒你。

止庵曾亲口告诉我，他每天晚上看一部电影，这让我羡慕得无以复加。我虽然收集了那么多影碟，已经看过的还不到一半。"每天一部"目前还只能是我一个遥远的梦想，一个可望而不可即的幻影。也许在退休之后，我能够向止庵看齐？

看了影碟有了想法就忍不住要写点什么。早期曾给《书城》写过几篇。我写得最早的文章里有一篇就是谈《黑客帝国》的，我当时看的是质量不好的盗版碟，它上市的时间甚至比北美上映的时间还要早。因此我的文章成为评论此片很早的一篇，后来电影在国内公映以后一些媒体就来找我，做过一些访谈。

迷上看碟后不久，《中国图书商报》来找我写专栏。在最初的时候，我曾写过几篇其他类型电影的影评，但后来决定以科幻电影作为我的专栏。我觉得其他影评我写起来没什么长处；而且我让自己保持一个外行的观影者的身份，我不可能写电影学院教授们写的那种影评。我发现科幻电影的影评完全不能令我满意，那些影评的作者们对科学的事情完全不懂，他们把科幻电影和其他电影一样看待，而且有些评价和我看了影片以后的感觉大相径庭，有些评价是很不公平的，他们对科幻电影背后的科学思想和资源不了解，因此会将某些电影说成很烂，而不了解电影后面其实有很多其他东西。

后来《中华读书报》来找我写科幻影评专栏，我就把《中国图书商报》的专栏转移到那里了，一写就写了几年。

由于写科幻的影评，我开始看更多的科幻电影，有好多著名的科幻小说被改编成电影，我都是先接触了电影才知道小说。于是我

《最终剪辑》海报

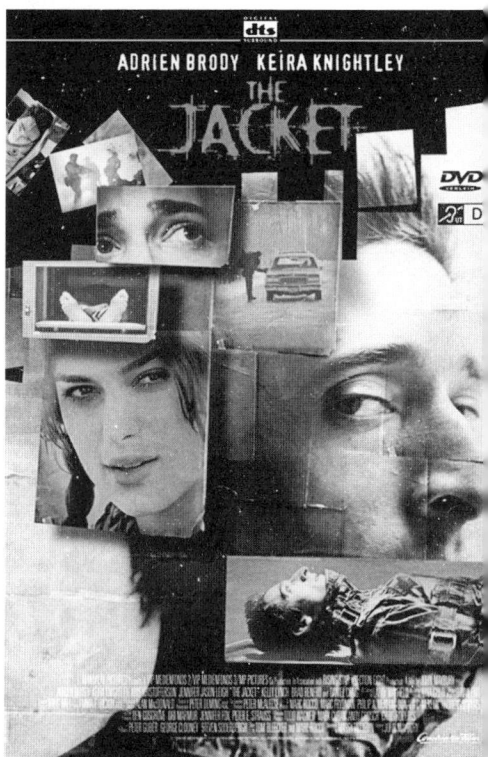

《灵幻夹克》海报

也开始看这些小说。当然这些小说实际上在很大程度上是被动地被引导着看的：因为电影改编自小说，因为对电影感兴趣，所以就会把小说找来或者当你要评论某个东西的时候，要看看小说。在写科幻电影的评论以后，渐渐地我和科幻界的人发生了关系，在央视做节目的时候认识了刘慈欣、王晋康、韩松等人。因此到了2007年在成都开国际科幻大会的时候，他们就邀请我去，而且我居然在那个会上有两个主题报告；在那次会上，《新发现》杂志又撺掇我和刘慈欣在著名女诗人翟永明开设的"白夜酒吧"做了一场对谈"为什么人类还值得拯救"。

跟科幻这个圈子里的人接触得多了之后，我看了更多的科幻小说和电影。至于我后来长期写科幻影评的专栏，纯粹出于免责的心理——我觉得老是看电影小说，好像很不务正业似的。

后来就想到让我的博士生穆蕴秋小姐来做科幻的论文，她本身是个影迷，比我还资深，我觉得她有条件来做这件事。这个论文最初的时候很多人都有不同的看法，觉得这个题目做博士论文不合适。她自己也动摇过，她那时候不知道自己会做得这么深入，但后来我一直鼓励她。我们博士点上的几位博导里，在这件事情上最保守的是曹树基教授，他一直反对。有一天，小穆报告了这个题目，曹说："你不要再报告这种框架，你报告一个实际的东西。"在小穆报告了一篇具体的文章以后曹对这个题目的态度大为改观，并且问小穆："你觉得你的论文里这样的文章会有几篇。"小穆说至少三篇，曹说："那我觉得你的论文没有问题了。"后来很多原来表示顾虑的人也都改变了看法。小穆已经发了一些东西，我觉得她已经做得很深入了。她现在做的状态离我最初的想象也不是完全一样。实际上我当初只是一种感觉，觉得这个东西如果深入做，完全可以学术化的。以前国内还没有人把科幻从学术层面做到这样的地步。小穆的博士论文我期望她可以做得比较好，至少从她发表的若干篇文章来看，我觉得完全可以做出新的东西来。

黑客帝国与哲学

欢迎来到真实的荒漠

〔美〕威廉·欧文（William Irwin）编

张向玲 译

THE
MATRIX
AND PHILOSOPHY
WELCOME TO THE DESERT OF THE REAL

上海三联书店

《黑客帝国与哲学》书影

> 　　江晓原将科幻电影的解读引入科学传播，不仅找到了一个非常亲切生动的传播界面，有利于提高科学传播的效果，有效扩张科学文化的营销市场；更重要的是，西方科幻电影对于科学技术的反思和批判的态度，为思考科学技术提供了很有价值的参照点。科幻电影的反事实推理结构："如果技术能力达到如此程度，则会产生何等结果"，具有很强的解放想象力的功能，容易让人们冲破既有的思维框架，重新审视流行的观念。
>
> 　　　　　　　　　　　　　　　——蒋劲松：新斋老蒋话蝴蝶

　　开始鼓捣科幻之后，我觉得还是比较愉快的，因为它是一个新的东西，我其实很愿意弄一些新的领域。我更愿意开荒，而不是在已有的土地上深耕细作。这个跟性格有关。科幻这个东西，这两年给了我一块新的地。清华大学的蒋劲松博士他们又把它和反科学主义联系在一起，认为这似乎是反科学主义的某种新的路径。最初我主观上没有这种想法，但我承认客观上它确实有这个作用，至少也是一个切入的路径。后来我开始给一些科幻小说写序，这些序里也在做蒋博士所说的工作。

　　我很长时间不看中国作者的科幻作品，但是这两年我开始看，而且对刘慈欣、王晋康的作品评价还很高。其实他们的作品本来在国内科幻界得到的评价就很高，但问题是那些评价大多是从文学上或者从传统的科幻意义上来评价，而不是从思想的角度来挖掘的，我对他们的评价是从另外的角度。比如王晋康的作品，都是在反乌托邦的纲领下产生的。

　　这几年思考下来，我在 2007 年成都的国际科幻大会上做了关于"科幻作品的三重境界"的演讲。我认为，第一重境界是科普；第二重境界是文学；第三重境界是哲学——科幻的最大价值是它的思想价值，思考科学技术、思考过去与未来。如果要说反科学主义，只有科幻作品能够反科学主义，而纯文学作品要反科学主义则比较困难，因为科幻本来就是以科学为主题，它在幻想中对科学技术在未来的发展前景进行展望，就能产生很多思想价值。早先我们很多人、包括许多出版界的老一代人，都把科幻理解在第一重境界上，一说科幻就是"给小朋友看"的，仍然是科普的一种形式而已。第二重境界则强调科幻是文学，是想要让科幻作品进入文学殿堂，文学不承认它嘛，我觉得这是根本不值得追求的。那不是丧失自我吗？

我觉得第三重境界是最高的，从哲学的高度反思科学技术，这将是科幻作品最有力的思想纲领。实际上我们现在看国外的一些新的作品，几乎都是基于这个纲领下的，都是以反思为主，这就是为什么科幻电影里的未来都是黑暗的。最初我觉得它很难理解，西方为什么都觉得未来是黑暗的，他们难道就不知道标新立异吗？假如大家都是黑暗的，那我为什么不写一个光明的未来。现在要从反思这个角度就变得可以理解了，要反思肯定是黑暗而不可能设想一个光明的未来。这样的解释比较合理。

科幻的三重境界是向下兼容的。第三重境界并不会带来大量受众，但会保持原有受众的基础上增加一部分人来关注科幻，这部分人应该是学术界、文化界的人。当把科幻看成科普、文学的时候，他们可能会对它根本就不屑一顾，但现在指出它的哲学、思想价值，那么关心这些问题的人可能也会来关心它。那些读不懂它的思想价值的人，把它当成文学作品来读也会读得兴味盎然，也并不会因为我们提出它的第三重境界而不看它了。

这两年我把科幻和科学文化联系起来，我觉得科幻其实可以看成是科学文化的一部分。所以在我主持的科学文化版上，我推荐的新书也会不时出现科幻作品，而且我和刘兵的专栏也会谈科幻，约科幻的书评。在我的想法中，我把科幻纳入科学文化的大的领域中了。这样思想价值可以得到更好的体现。至于把科幻当成科普，我非常讨厌这种看法，我相信科幻作家们也很讨厌这种看法。这不是成心要贬低科幻吗？

以前很长一段时间，我们曾经将科幻当作"科普"的一种形式，因为仍然陷溺在传统"科普"的老套之中，只看见科学知识，却没有人文关怀，所以我们自己创作出来的科幻作品，只是一味歌颂科学技术在未来将如何伟大辉煌。而西方那些科幻作品，则很长时间未能引入（只有儒勒·凡尔纳那些对未来乐观的小说得到了特殊待遇）。但是，如今兴起的科学文化传播，早已超越了传统的"科普"概念——可以这样说，有无人文关怀，是科学文化传播和传统"科普"的分界线。

从这个角度来看，西方这些科幻小说和电影中，经常出现的对技术滥用的深切担忧，对未来世界的悲观预测，这种悲天悯人的情怀，正是对科学技术的人文关怀的集中表现。中国的科幻作品，在这个问题上与西方作品有明显的不同——中国的作品通常幻想一个美妙的未来世界，那里科技高度发达，物质极度丰富。这种差别背后，应该有着深刻的根源。将科幻视为科普的一部分，我想是原因之一。既然是科普嘛，当然要歌颂科学本身及其一切作用——"科普"这个概念是有一个隐含的前提的，即科学本身及其一切作用都一定是好的，所以才要普及它。而西方许多被我们归入"科幻"的作品，其实是被当作文学作品来创造的，那些作者未必都有科学主义的"缺省配置"；而作为一位文学家，在人类前途这个问题上，也完全有可能持某种悲观主义的哲学观点。另一个明显的原因，当然就是传统的唯科学主义的强大影响。唯科学主义既相信世间一切问题都可以靠科学技术来解决，就必然引导到一个对人类前途的乐观主义信念。

这种差异恰恰反映了这样一个现状：科幻的价值在国内其实还没有被充分认识到。当我们仍然还只是把它看成科普的某一种形式，或是文学的一个分支，它的价值就不会被充分认识到。一定要把它提升到第三境界。实际上，现在中国最好的科幻作家都已经在第三境界上了，只不过很多人不从这个角度来认识他们。

可能正是由于这几年来看影碟、写影评的经验，我近年对反科学主义的内容变得非常敏感。我发现除了科幻电影，小说也可以成为思考科学与科学主义的途径。比如丹·布朗的小说，四部有三部都表现了反科学主义的主题。这也在一定程度上证明了反科学主义是一个有生命的纲领。

反思科学似乎可以是"吃肉"和"骂娘"的关系。我们通常认为吃了肉就不能骂娘，所以会有人质疑说，你一边在享受科学技术成果带来的生活，一边又在反科学主义。作为对这种质疑的回应，我们可以说，如果这块肉是强加给你的，那么即使吃了肉也一样可以骂娘。

在反科学主义方面，我们面临的阻力比我想象得要小。

我最喜欢的 25 部科幻电影

昨日忽接清华大学蒋劲松博士来信，信中向我提出了一个奇怪的要求：

科幻电影不仅有娱乐价值，而且对我们思考相关问题很有启发性。所以，我们大家都有必要看看，但是科幻电影太多，不知从何看起，建议您做一件在您看来煞风景的事：给大家开个"必看影单"。这实际上可能是要改变大家心目中所谓"读书"的概念，不仅要读书，而且要读图，还要"读影"，这才是当代读书人全面的文化修养。以至于以后，没有看过经典科幻影片的人，和没有读过《科学革命的结构》的人一样，都属于缺乏基本素养者。

我觉得他的话虽然稍有夸张，但确实大有见地。至于他之所以向我提出这种要求，想必是听说我这两年花了三百多小时看科幻电影（其实现在早已不止），又见我在报纸写了两年科幻电影专栏之故。为了满足他的要求，我不得不好为人师一把，真的开始在我收藏的数百部科幻电影中挑选。选来选去，选出 25 部。

　　为什么选这 25 部？对于入选的标准或理由，当然要有所交代。

　　我对科幻电影通常抱着两个期望：一是期望影片的故事情节，能够构成我们日常生活中不容易出现的情境，形成"思想平台"，由此引发不同寻常的新思考；二是期望影片可以拓展观众的想象力——哪怕仅在视觉上形成冲击也好（比如像《星球大战》那样）。这当然有可能只是我的偏见，但窃以为多少还是有些道理的。这里入选的影片中，大部分都有较为深刻的思想。

　　有些系列电影，我并未全选，比如《星球大战》只选了正传的三部曲，而《未来战士》和《黑客帝国》的第三部都未入选，《侏罗纪公园》则只选了第一部，主要也是从上述两个标准考虑的。

　　我选择影片时完全不考虑票房的表现。现在很多人将肯德基、麦当劳视为垃圾食品，认为食用了会有损健康，尽管它们确实也能够填饱肚子。仿照这种说法，好莱坞那些毫无思想内容的平庸之作（例如《神奇四侠》之类），也就是电影中的肯德基、麦当劳，尽管它们确实也能够消磨时间。事实上，我们不难发现，好莱坞科幻电影中，那些有思想、有品位、经得起时间淘洗的上佳之作，往往票房一般；相反，那些电影中的肯德基、麦当劳，则经常在票房排行榜上名列前茅。

　　或许有人会问，还有许多非常有思想价值的电影，比如《1984》《罗根的逃亡》（Logan's Run）等，何以不得入选？那是因为我还有一个标准——好看，而这是一个明显非理性的标准，它直接和我本人的性格、好恶乃至偏见有关。例如，《撕裂的末日》和《1984》同样可以归入"反乌托邦"影片之列，都是表现对未来可能出现的专制社会的忧虑和恐惧，而且显然《1984》来头更大，名声也更大，但是从观赏性来说，我认为它未免略逊一筹，所以选了《撕裂的末日》。

　　入选名单中的最后两部电影比较特殊。《双瞳》用一种夸张的形式，表现了理性（科学）与非理性（宗教）之间的区别。而《幻影英雄》则是一部"关于科幻电影的科幻电影"，影片中有大量此前著名科幻电影的典故，如果不是对科幻电影相当熟悉，就会感到许多对白莫名其妙，所以我将它列在名单之末。

下面是我选出的科幻电影名单（给出外文片名，是因为国外影片经常有不同的中文译名）。在这个名单中，实际上有32部，但是为了方便起见，我将一个系列的只算作一部，这样就是25部了。

1. 银翼杀手（*Blade Runner*）
2. 机械公敌（*I, Robot*）
3. 变人（*Bicentennial Man*）
4. 2001太空奥德赛（*2001: A Space Odyssey*）
5. 人工智能（*Artificial Intelligence*，*A. I.*）
6. 火星任务（*Mission to Mars*）
7. 地球停转之日（*The Day the Earth Stood Still*）
8. 超时空接触（*Contact*）
9. 独立日（*Independence Day*）
10. 星球大战（*Star War: A New Hope*、*The Empire Strikes Back*、*Return of Jedi*）
11. 最终剪辑（*The Final Cut*）
12. 西蒙妮（*Simone*）
13. 未来战士（终结者，1、2）（*Terminator*、*Terminator: Judgment Day*）
14. 黑客帝国（1、2）（*Matrix*、*Matrix: Reloaded*）
15. 记忆裂痕（*Paycheck*）
16. 后天（*The Day after Tomorrow*）
17. 灵幻夹克（*The Jacket*）
18. 撕裂的末日（*Equilibrium*）
19. 楚门的世界（真人秀）（*The Truman Show*）
20. 少数派报告（*Minority Report*）
21. 侏罗纪公园（*Jurassic*）
22. 异形（1—4）（*Alien*）
23. 逃出克隆岛（*The Island*）
24. 双瞳（*Double Vision*）
25. 幻影英雄（*Last Action Hero*）

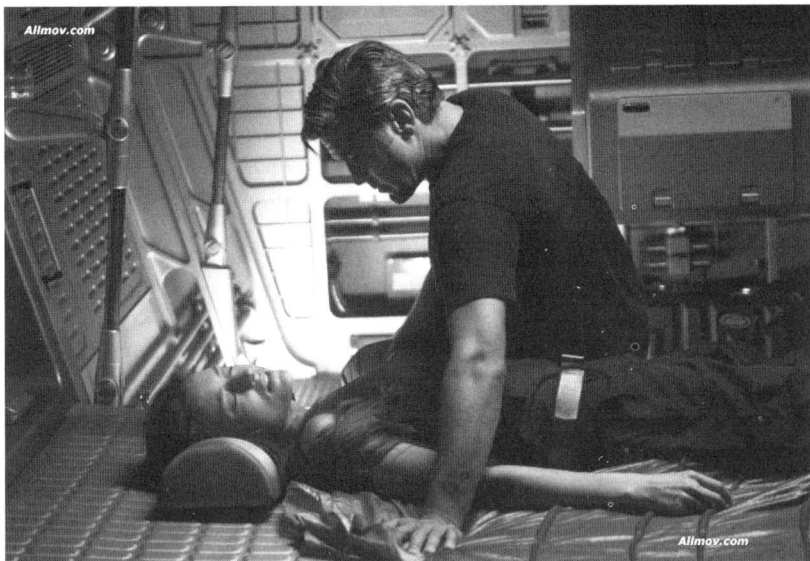

《索拉利斯星》剧照

《终结者2》海报

《双瞳》海报

《地球停转之日》海报

6.4　量化考核·计划学术·学术过热

我对学术过热的思考，在很大程度上也可以视作反科学主义在学术管理领域的延伸。在《社会观察》杂志的专栏中，我曾连续撰文讨论了多次。而在与刘兵的对谈"学术品味"中，我们也不止一次地讨论到这个问题。

现在我有时竟说自己"厌倦学术"，是因为现在的学术界越来越热衷量化考核，以致很难让人安心做学问，学术生态越来越不让我喜欢了。而当我做此反思的时候，常常会以我在天文台工作的那几年作为一个对比的参照物，那时的考核制度以及由其所带来的学术环境实在令人怀念。

那时天文台对于研究人员每年发表论文、争取项目、争取奖项等没有任何数量要求。如果你这一年没有发表任何论文，你的工资不会减少一分钱；而且，一直到20世纪90年代中期，如果你发表了论文，工资也不会增加一分钱。更没有大学里"课时费"的概念——在天文台无论给研究生上多少课，都没有一分钱。据说理由是这样的：给研究生上课是你工作中应有的内容，其报酬已经包括在你的工资中了。多年来我们都是这样过来的，大家也没有什么抱怨——至少我没有听到过，也没有萌发过抱怨的念头。

这样的学术管理，一定会被今天的管理者笑掉大牙。他们会说：这太落后了！一点激励机制也没有！他们会问：一年不发表论文居然一分钱不会少，那不就人人都不用写论文、年年都不用写论文了吗？这样的科研机构还要它干嘛？

这样的想法，在如今的管理者中是太普遍了。如今陷溺在量化考核误区中无法自拔的管理者们，早已经丧失了理解这种学术管理制度优越性的能力。

现在的年轻人不折腾到鸡飞狗跳，就没有经费，想参加学术会议都出不了门，一天到晚用各种各样的评比让人处在"不进则退"的恐惧中。这种竞争气氛是现在的管理者所期望的。"让年轻人坐不住"，有的人就公开这么说，要让年轻人坐不住，那坐不住了还怎么做学问呢？激励得我们的论文数量据说都世界第二了，但那些论文都是些泡沫论文。

有一次我在复旦大学参加一个会议，中间休息时一位著名的教授感叹说：以前总以为，即使有很多学术泡沫和学术垃圾，那些优秀的学术成果出类拔萃、鹤立鸡群，总会被认出来吧？总会被人注意到吧？但是现在我知道了，已经不会被人认出来了——不管好的坏的，全都被洪流淹没了！对于这位教授的感叹，我极有同感。鹤立鸡群这个比喻，其实也只能在鸡的数量较小的情况下——比如十来只鸡一只鹤——始能成立，如果鸡的数量增大到比如100万只的时候，远远望去一大片，其中有几只鹤恐怕就很难被注意到了。

量化考核，从理念上说天生就是文化多样性的敌人。因为它只看数量无视质量，只看统计数字无视个体差异。而它的最终结果，就是要将全中国的大学教师（以及所有的博士、硕士研究生）都变成生产SCI、EI、CSSCI论文的机器。

北大的李零教授说，有些人要想把大学办成养鸡场，这当然是愤激之言。但换一个好听一些的比喻吧，现在我们的某些管理者，将办大学看成造房子。造一幢房子，通常是可以事先计划好一切的：所有的工艺都是现成的，所有的材料都是早就准备好的，用材料按照一定的规范和图纸操作，按照计划施工，当然就能限时限刻将房子建起来。这是典型的工科思维方式。许多人觉得这种思维方式成效显著，就想当然地要将它推广到文科、理科的研究中去，还想推广到我们所有的精神生活中去。

然而，搞教育或者搞理科的基础理论研究，以及人文学术研究，都不是造房子。

另一种理念是这样的（这其实也是西方传统上看待学术的方式），

〔波兰〕斯坦尼斯拉夫·莱姆 著

索拉里斯星

商务印书馆

《索拉里斯星》书影

刘海军 著

束星北档案

一个天才物理学家的命运

那一天，是我们的噩梦。没人知道这究竟是怎么回事，到底发生了什么，只有父亲是平静的，好像一切早有所知。他从房间被叫一个人"谈"出来时，束星北著一本书，后来我才知道，他读的那本书是1982年颁布的《中华人民共和国宪法》。

《束星北档案》书影

可以称为"播种·观察模式"：在一块地里播一些种子，浇水施肥，观察这些种子，里面会有一棵或者若干棵长得很好，就有可能会出成果。事先并不能知道哪颗种子能长成参天大树，哪颗会发育不良。如果中间有一些死掉了，这并不意味着播种的失败。能否出学术成果，本来就是一个概率问题，所以要资助足够数量的一批人，这批人里边谁能出成果、什么时候出、出什么样的成果，谁也不可能事先知道。可以肯定的是，只要营造一个比较好的学术气氛，早晚会出成果。而不能像造房子那样事先计划好一切。

量化考核是和计划学术密切相关的。试想，如果没有计划学术，为什么还要追求那个量呢？所有对量的追求，都是来自计划。比如说，一个学校现在 SCI 论文排名全国第几，然后计划 5 年之内要提前到第几，就开始要求由现在的论文数量，在 5 年之后提高到多少，增加的论文数量分给各个院系，物理系每年要增长多少篇，数学系每年要增长多少篇，如此等等，大家都以此来层层考核、层层压指标。计划的目的就是几年之内出多少成绩，到时候出不了预期的成绩怎么办？只有掺水分，吹牛造假，这些就是"泡沫学术"。所以泡沫学术就是计划学术的直接产物。有人认为泡沫学术是学者道德自律不够的缘故，这样说不公平。如果不搞计划学术，这些泡沫本来是不会产生的，至少不会产生那么多。

还有些人，其实并不想好好搞学术，或者根本没有能力搞学术，但他工于吹牛，可以规划出很好看的蓝图，希望通过这些镜花水月的蓝图欺骗领导、欺骗同行，获得重视。如果经常让这种人得逞，就会鼓励效尤，造成一种环境，大家都热衷于做计划，填几十页长的表格，花精力去吹牛，去"讲故事"，而真正做实事的人就会受排斥。计划学术很容易鼓励吹牛，吹牛就导致泡沫学术。

有一次给我们系博士生上课时讲到我十几年前在台湾《汉学研究》上发表的一篇长文，我忽然感慨地说，要是现在，这篇文章中的每一节，都可以穿靴戴帽，单独作为一篇"学术论文"去发表啊。而当时我根本没有这种想法——这绝不是因为我觉悟高、自律严，而是因为那时"量化考核"还没有大行其道，这些对付"量化考核"的歪招还没有被大家想出来，或者至少还没有广泛使用起来。

一篇文章分成几篇发表，只不过是使文章从"厚重"变为"轻薄"，对于学术品味的败坏还不是那么直接和严重。现在更严重的是，因为"量化考核"归根结底是对数量的追求（理论上也有对刊物"档次"的要求，但那不过是另一种荒谬而已），结果迅速转化成为权力寻租的温床。由于在"量化考核"的制度中有研究生学位论文答辩之前必须在何种刊物发表多少篇论文的刚性要求，有些刊物就借此出售版面——向作者收取"版面费"，而那些为了答辩不得不"发表论文"（我加双引号是因为在这个过程中"发表"和"论文"都已经变了味）的研究生，就不得不交钱来换取发表。还有一些高校教师，为了满足上面的"量化考核"，甚至不惜对某些刊物的编辑请客送礼，觍颜巴结。为了满足荒谬的"量化考核"，竟逼得学人付出人格的代价！

这些付出了人格代价而"发表"出来的"论文"，它们还能有什么学术品味吗？当然没有。因为是付了钱的，多烂的文章也会被刊登出来，这是双方都心照不宣的。所以自从"量化考核"大行其道以来，我们的论文、专著数量扶摇直上，看上去一派"学术繁荣"景象，而实际上到底是怎么回事，大家心里都明白。

也许有人会辩解道：发达国家学术刊物也有收版面费的，我们为什么不可以收？确实，是有学术刊物收取版面费的，但是有两点不同：一是如果有严格的审稿制度，仍可保证论文质量；二是没有要求全国几十万研究生都在答辩前发表多少篇论文的刚性规定——在这种规定的作用下，如今几乎所有的"核心期刊""CSSCI 期刊"之类刊物的编辑部里，都充斥着投稿的"论文"。在这些投稿中，学术泡沫、学术垃圾究竟占多大的百分比，我是真不敢猜想了，怕说出来得罪人太厉害。

我们现在最大的悖论之一就是，在计划经济时代我们倒还不搞计划学术，而在我们已经告别了计划经济的时代，却反而来大搞计划学术了。现今大学许多弊端的根子就是计划学术，就是和过去以为经济可以计划一样，将不可以计划的东西硬去计划。

计划学术直接来自计划经济，而计划经济这个思想直接来自唯科学主义。所谓唯科学主义，就是认为自然科学能够把整个世界都解释清楚并加以征服，一切事情都可以事先规划好。唯科学主义告诉你这样一个信念，而这个信念本身就是有问题的。自然界和人类社会即使有规律，是不是能全部被掌握，什么时候才能全部被掌握，都还是问题。如果眼下不能全部掌握，那就意味着不能搞计划学术。西方学术界对学术普遍采用"播种·观察模式"，就是因为它们承认不能全部掌握产生知识成果的规律。

量化考核又进而导致恶性竞争。现在大家把很多精力和时间都放到争课题、争经费上，想要争取一个几万块钱的项目，要经过一系列的程序，初审、终审、答辩，都要支付费用，还要写各种各样的计划，填各种各样的表格，如果项目比较高级的话，甚至要有一个专门的机构，外地申请的还要到北京去答辩，又得加上差旅费、住宿费，这些成本都在所谓"择优"的名义下增加出来。更何况这种竞争、评审还会产生权力寻租，滋生出种种腐败来。

对照上述情形，再来看当年天文台的管理制度就会发现许多优越之处。

先说机制。不要误以为天文台的上述管理制度没有激励机制。事实上，仍然有足够强烈的激励机制。当然这里要补充一点，即在那种管理制度中，职称的晋升并不是论资排辈的，而是要依靠科研成果的质量和数量的。所以，在天文台你可以不写论文，几年不写一篇也不会减少一分钱工资，但是你不发表论文就晋升不了职称。

想想看，晋升不了职称，这对于一个知识分子来说，"激励"还不够吗？如果你年过半百，还只是一个助理研究员（大学里的讲师），通常你就会在单位里得不到应有的尊敬，被大家视为一个"不行"的人。人们会说：哦某某啊，人是挺好，但专业上不行……你受得了吗？能够安之若素吗？

另外，由于中国科学院规定研究生的费用由导师支付，这样就使得那些没有课题或项目的研究人员无法招收研究生，这也是一种"负面激励"机制。学者总是希望有学生能够传承、光大自己的学术，因此不能招收学生，也是一件相当痛苦和"没面子"的事情。此外，没有课题或项目你就会"没有钱用"，例如出去开会也没法报销等，也都有着类似的"负面激励"机制。

再说效果。先说我自己。我从1984年成为上海天文台的职工，1985年成为助理研究员，1990年成为副研究员（副教授），1994年成为研究员（教授），1995年成为博士生导师。本来我受的教育已经让我养成了做学问的习惯，原是不需要什么量化考核来逼迫的。但那些年做学问还是比一般人稍微勤些——例如我那时每年都要在《天文学报》《自然科学史研究》《自然辩证法通讯》等国内相关领域最高级的刊物上发表好几篇论文，放到今天的量化考核之下，也是足以受到奖励的。按常理说那时其实用不着如此勤奋，只是因为业师席泽宗院士期许我应该"40岁前当教授"，为了不负恩师期望，只好稍勤奋些。我举自己的例子是想说明，没有量化考核时，研究人员也照样会做学问，而且可以做得很勤奋。

当时上海天文台的管理制度，并非此处一家独有，而是整个中国科学院系统基本上全都如此。比如我在那里念研究生的中国科学院自然科学史研究所，就也是如此。多年以来，中国科学院系统一直是这样的。我们可以从宏观上来看看这种管理制度的效果——毫无疑问，效果是极好的。只要看看这一事实：中国科学院系统直到如今，仍然不容置疑地占据着中国科学技术研究的国家队地位，其总体水准远远超出高校系统。这个地位并不是在近年量化考核的制度下得来的，而是在以前实行多年的合理的管理制度下得来的。

　　2006 年 10 月，我应邀在中国天文学会 2006 年学术年会上做了题为"量化考核正在损害我们的学术"的大会报告。提问时，有一位非常热爱量化考核的院士，相当激动地站起来质问道："没有量哪里来质？"虽然另有几位院士赞成我的观点，但是上述那位院士的质问，尽管听起来是一句我们日常很熟悉的话，其背后却有非常值得深思的地方。

　　我们曾经长期生活在短缺经济中——粮食短缺、日用品短缺、资金短缺、各种各样资源几乎都短缺……在这样的"短缺社会"中成长起来的几代人，很自然会有一个共同的思维习惯，那就是：差的东西总比没有好。比如以粮食为例，如果没有大米，那么红薯也成（当然这只是一个过时的比方，我知道现在吃腻了鸡鸭鱼肉的人们甚至愿意用比大米更贵的价钱购买红薯），总比没东西吃挨饿要好。如果我们今天没有大米，那么我们先尽可能多搞一点红薯，好歹先填饱肚子，然后再慢慢争取吃上好的。这个思维中，"没有量哪里来质"确实是一个非常雄辩的论证。这个思维是如此的合情合理，如此的天经地义，以至于我们从来不可能怀疑它，它就是常识，就是真理。

　　但是，任何常识（或者真理）都有一定的适用范围，超出了这个范围去应用，那就可能出问题。

　　现在，当我们将上述常识从物质世界移用于精神世界，从粮食供应推广到学术管理，问题就出来了。例如，当我们感到我们的 SCI 论文数量太少时，上述思维指示我们：先把 SCI 论文的数量搞上去，"填饱肚子再说"。于是为 SCI 论文设立奖金，当最初每篇 SCI 论文奖励 1 000 元（人民币）这样的措施产生的"激励效果"还不理想时，我们有的管理者毫不犹豫地将奖金提升为每篇 SCI 论文奖励 10 000 元（人民币），并且"即时兑现"——今天你的 SCI 论文发表，立马就到财务处点钱！

　　不要以为我在编造现代寓言，上面这些场景都是我们一些相当高层的科研管理者亲口告诉我的。即使在情节或气氛上稍有出入，至少数值是绝对准确的。顺便指出，后面这个数值后来成为国内普遍流行的 SCI 论文"赏格"。

现在的问题是，这样做好不好？

我知道，肯定有人说好。

你看，"激励"了几年之后，我们的论文数量不是已经大幅上升了吗？这难道有什么不好吗？

虽然我国的论文被引用率排在国际上倒数前列（第 100 位以后），虽然国内已经出现了一个人一年发表了 120 余篇 SCI 论文的奇观，但是，"没有量哪里来质？"有数量总比没数量好，数量大总比数量小好，仍然被很多人认为是天经地义的。

我这里丝毫没有要重新评价 SCI 论文价值的意思（已经有很多不同的评价），我也丝毫没有要指责那些已经领取了奖金的 SCI 论文"不好"的意思。我只是想指出，当我们一味采取"有效措施"来"激励"学术成果数量时，在短期虽然能够得到希望的数量，但是从长远来看我们将为此付出沉重的代价，而且这个代价与论文数量排名上升之类的"成效"相比，很可能是得不偿失的。

让我们沿着前面红薯的比喻继续往下讨论。拼命激励"学术红薯"生产的策略，可能会出现如下一些后果：

新一代的人们会误认为红薯是世间最主要的食物；

新一代的种植者可能会丧失种植稻米、饲养牛羊之类的技术（因为长期以来种植红薯收益最大）；

我们的种植业将在国际上失去声誉（因为多年来只种植红薯）；

……

现在看来，这些后果都已经出现了。

如果我们粮食短缺，没有红薯就要饿死，那么上述策略尚不失为正确（至少是不得已而用之的）。但学术管理毕竟和粮食供应不同，我们少一些学术成果不会"饿死"。钱锺书曾说，学问本属"荒江野老屋中二三素心之人相与培养讲求之事"，正表明学术原本是要清静的。对于学术来说，数量并非越多越好。况且学术生态也是有极限的，而现在我们的学术生态已经"过热"，所以少一些学术成果非但不会"饿死"，相反可能是有好处的（至少从长远看是如此）。

7　书房的生命

7.1　和书相爱

在拥有自己的书房之后，我对书房也逐渐有了一些新的理解。

在今天的中国，大部分人还没有书房；再缩小一点范围，在中国的读书人中，恐怕大部分也还没有书房——我说的是真正意义上的书房。不过，如今有书房的人正在多起来。

许多读书人谈过自己的书房。从多年的向往，到后来终于有了一间书房，以及如何布置，如何在其中看书写作……这些也早已经成为报刊读书栏目中的老套。

但是，如果只是在书房中读书、写作，并不足以赋予一间书房以生命。如果书仅仅是你的工具，你在书房中只是去利用它们，也许可以很顺手、很高效，甚至可以很愉快，但那只是将书房当作工具箱或是操作台。就好像那种没有爱情的婚姻，也可以相互尽义务，相互配合，甚至可以很默契，但那是没有生命的婚姻。

书房的生命是靠主人赋予的。只有当你真正和书相爱了，你的书房才可能有生命。

怎样才叫和书相爱呢？我想举两个例子，都是关于对待书的态度的。

第一个是看你对别人的书持什么态度。一个人爱护自己的书并不难，难的是爱护世间一切好书，不管那些书的主人是不是自己。

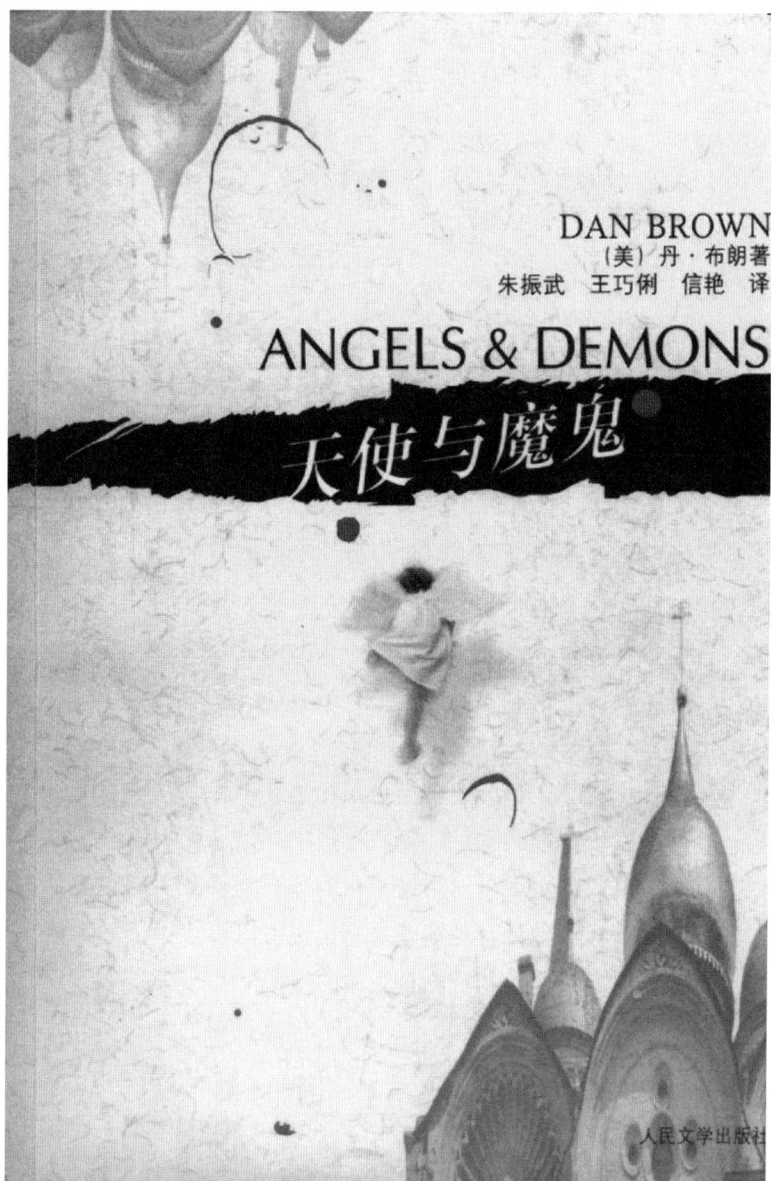

DAN BROWN

〔美〕丹·布朗著

朱振武 王巧俐 信艳 译

ANGELS & DEMONS

天使与魔鬼

人民文学出版社

《天使与魔鬼》书影

有那么一些爱书人，当他们从友人或图书馆借来书时，如果发现书有破损，就会主动将书补好；如果在书店看见有书没有摆整齐，就会顺手将书摆好，如果看见别人在污损图书，或者只是有污损图书的可能，就会去友好地劝阻或提醒。对他们来说，看见好书受到污损或不适当地对待，就好像看见美人受辱，忍不住就要惜玉怜香，护花情切。

第二个例子是友人告诉我的，生活中的真实故事。有一个爱慕虚荣的女子，在20年前大学生很吃香的年头，如愿嫁了一个文科的大学生，并且还颇以自己的书生夫婿为荣。但随着时间的流逝，眼看别人的夫婿纷纷成了大款或是大官，而自己的夫婿依旧只是一介书生，渐渐就心生怨恨，经常数落夫婿没用，说那些破书有什么用？后来就扬言要烧掉那些书，夫婿闻之，严厉警告她说：你若烧我的书，就等于是杀害我的生命！结果有一天，这女子真的烧了夫婿的书，于是夫婿义无反顾地提出离婚。众亲友，包括老泰山，都来做工作，欲使他们重修旧好，但书生曰：我对她说过烧书就等于杀我，而她竟真的烧书，那我们之间还有什么感情可言？这个故事的结局非常凄惨——那书生郁郁寡欢，不久后中年病逝，走完了他爱书的一生。也许有人会笑他太痴情，但就是这份痴情，终不失为凄美——当然，我想大部分爱书人都不至于爱得那么沉重。

书房生命的另一个表征，是书的变化。书的变化有两方面。

一方面是书的成分变化。恰如人之有少年、青年、壮年及老年，书房里的藏书也在成长，并且随着主人治学领域和兴趣爱好的变迁，藏书的成分也在不断地变化。所以当一位藏书丰富的学者去世时，他留下的藏书，对于治这一路学问的后人来说，往往是极为珍贵的财富，因为这些书都是经过精心选择的，非一般的图书馆所能比——藏书集中了种种相关的资料，为后人提供了问学的捷径，甚至还能看出藏书主人当年的心路历程。

另一方面是藏书数量的变化。通常书总是越聚越多，但有些学者

书房群书

接近老年时开始为自己的藏书考虑后路，就像对待一位多年的朋友，想到自己今后不能再照顾他了，就要将他托付给别的能照顾他的人。有人逐渐将书赠送友人，或分批捐赠给机构，这样藏书的数量又会逐渐减少。当然将藏书整体捐赠通常是学者更愿意的，但是要找到一家真正能赏识这些藏书的机构并非易事。

主人的学问与时俱进，按理说藏书也应该吐故纳新，但是由于主人之爱书，"吐故"通常极为困难。书房的藏书空间毕竟有限，饱和之后，"吐故"成为必然的选择，但是主人看着那些昔日臻臻至至收集来的图书，每一本都有一段姻缘，每一册都有一个故事，或是旧日情怀，或有故人深意……哪一本可以轻易割舍？每每抚书叹息，最后还是决定与旧情人长相厮守。

书房的生命，可以结束于主人去世之前。

那些曾经真诚地爱过书，但是后来在名利场中陷溺难以自拔的人，他们早年简陋的书房可能曾经是生机勃勃的，但是如今的书房则已经沦为伪文化的装饰品。功成名就之后，他们的书房已经是富丽堂皇，里面塞满了别人赠送的豪华精装本。他们当然还会时不时地将书房向访客夸耀一番，但那样的书房已经没有生命了。

书房的生命，也可以延续到主人去世之后。

在欧洲我们经常可以看到这样的景象：一位著名学者去世了，根据他的遗嘱，他的藏书被捐赠于某个学校——很可能是他长期在此工作过的——某个机构。学校会为他的藏书专辟一室。这个某某藏书室也许并不是天天开放的，也许只是每周的某一天对外开放。到了这一天，会有一位老太太或老先生——通常都是义务的，来此打理，并接待访客。

这样的藏书室当然经常是寂寞的、冷落的，不可能像当红作家的签名售书那样人头攒动。但是也许有一天，从世界的某个角落远道来了一位藏书主人的仰慕者，慕名来访问这间藏书室，他或她徘徊其中，遥想藏书主人当年坐拥书城之一颦一笑，并和那位来义务工作的老太太絮絮谈论藏书主人当年种种行迹，仿佛白头宫女闲话天宝遗事……最后访客在惆怅的心情中悄然辞去。此情此景，谁又能否认这位学者的书房的生命还在延续呢？

对于我自己的书房，我也有过一些考虑。比如，我要这些书到底干什么？我只是要这些书陪伴我而已，这些书中的很多我可能不会读，可是我仍然要它们陪伴我，在我需要的时候去亲近一番——现在影碟也是一样。很多名人在活着的时候想要看着他的书有一个好归宿，所以活着的时候捐。但是我需要我的书可以陪伴我，所以即使我将来捐赠图书也不会是发生在我活着的时候。很多人去世的时候，书啊、古玩啊什么的散出了，出现在旧书店里。唐杜暹题其藏书卷末云：“清俸买来手自校，子孙读之知圣道。鬻及借人为不孝。”这三句顺口溜我虽然常在嘴里念叨，但我知道，这种情怀在今天已经没有什么现实意义了。

我也不能接受这种方案：另外搞一套房子去放书，不在身边的书那就不是你的书了。

我的藏书对女儿产生了一些积极作用。她念大学的时候我曾问过她，我的这些书你要不要，你不要我就捐，要我就留给你。她当时表示要的。

7.2 作客书房

在书房聊天和在客厅聊天不一样。在书房可能更容易激发思想。我喜欢在书房里发呆，不会在别的房间发呆。

我的书房还扮演过一些特殊的角色。比如上海交大谢绳武校长和尹衍梁的会谈就曾在我的书房里进行。尹衍梁和我是私人朋友，于是我说到我这来谈吧，这样他们两个人就都有面子了。有一天他们来我这里谈，据说那次沟通很好。第二天门卫还问我，昨天是不是有两个大人物来找你了？

尹衍梁是上海交大的重要捐助人，1996年他在上海交大捐赠1 000万美元设立交大安泰管理学院。我第一次认识他是陪谢校长出访台湾，有一个项目就是去见尹衍梁。当时一起吃饭。他读了不少书。他在饭桌上滔滔不绝地讲书，但是非常奇怪的是，他那天讲到的书我每一本都读过，所以对他一一回应自如。那天散席之后谢校长在电梯里说，今天亏得带了江教授来。回到宾馆的时候，总台就放着一个纸箱子，说是尹先生送来的，其中很多是刚才饭桌上提到的书的台湾版本。这些书我都读过，但是没有台湾版。

后来我每次到台湾，尹衍梁都要请吃饭，他有时候来上海也要聚一下。我书斋里的望远镜也是尹送的，因为他也是一个天文爱好者。有时候我遇到什么很怪的台湾的书就会托尹帮我找。有一次，我问尹能否帮我找一套唐德刚的《晚清七十年》的台湾版，伊媚尔发出去之后，隔天这套书就送到了我家里，而且打开一看是唐的签名本。但是唐不是签名送给我的，他是送给一个"郁萍小妹"的。但是这本书怎么会跑到尹的手里的，我一直没弄明白。

这样就跟他成了朋友，这完全是因书而起的。

我也曾经到一些朋友的书房作客，并且留下了深刻印象。

比如胡道静先生的书房，最初因为道老推荐了我的第一个国家自然科学基金，我去谢他。他的书房取名"海隅文库"，以前只是在文章里看到这个名字，后来去了看到书房墙上贴着这几个字。我进门的时候，书房里所有的桌椅上全部放满了书，以至于除了他自己之外，我是没地方坐的。道老把他身边的一些书放到别处，我才有地方坐。后来聊天便移到了客厅。

学人的书房，图书满壁，窗明几净，那是常态，所见多矣。倒是有些特殊人物的书房，出人意表，值得一谈。

我有一个大学同学，毕业后不高兴在学术界玩了，成了工程师兼自由职业者，他的书房相当宽敞，当初他搬入新居时，我去他家作客，见此书房也是图书满壁，窗明几净。不料10年过去，前些日子

《晚清七十年》书影

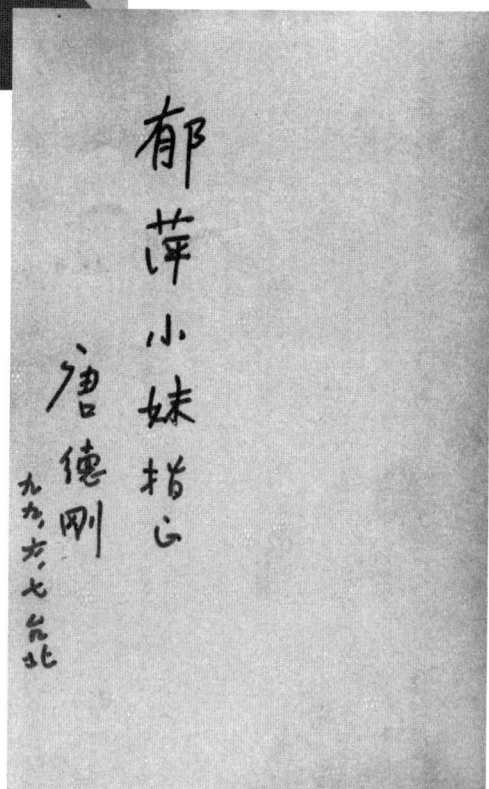

《晚清七十年》唐德刚的签名题赠

我又去他家，却见他书房之门紧闭。他太太抱怨说，我现在再不敢让任何客人见他的书房了——那里已经变成一个垃圾箱！这一来我倒起了好奇心，一定要进去看看。我们毕竟是30多年的老同学了，非一般客人可比，终于获得允许进门参观。推门一看，果然与众不同，堪称奇观——但见各种纸箱、书籍、旧报纸堆到一人多高，遮住了昔日的满壁书橱。更惊人的是窗下的写字台，那曾经是我极为艳羡的——因为宽敞达3平方米以上，如今两边一台电视一台电脑，其余的所有面积全部堆满各种仪表、电器、工具和零件器材，连放一本书的位置也没有。说这里是"垃圾箱"，信非虚语。但老同学每天深夜沉溺在这间书房中，手脑并用，神游物外。

这间书房令我印象深刻，遂起一念，征求老同学意见：上海的《东方早报》每周日有《上海书评》专版，其第16版为固定版面，曰"海上书房"，专门介绍上海各种人家的书房。那些所谓"名流"的书房早已经介绍殆尽（比如我的书房也介绍过了），现在似有难以为继之势，已经开始介绍那些"图书满壁，窗明几净"的无特色书房了。我问老同学愿不愿意接受采访，介绍一下你的书房？我想这一定别开生面，夺人眼球。可惜老同学还是谢绝了——我想主要是他太太比较保守，怕这样的书房让人知道了太丢面子。其实这种顾虑大可不必，若以幽默心态对待此事，则这间书房何尝不可以因与众不同大有特色而引以为傲？

书·缘

    胡适说老蒋的专机接他去台湾前夕，理了一夜的书。书为什么珍贵？最重要的在于它不是用钱来衡量的。有些书一旦没有了，再有多少钱也就买不到了。每一本书都是书房主人辛苦搜集来的，每本书背后可能都有一段动人的故事。

    我们不要整天想着直奔主题，要允许过程，过程就是意义，没有过程就没有意义。

    那些因书而起的缘分，与过程有关。

[波兰]斯坦尼斯拉夫·莱姆 著

完美的真空

商务印书馆

LINSE GUI POFU YIFU DUOQI

淫嚣鬼、泼妇、一夫多妻者

——十八世纪中国小说中的性与男女关系

CHINA

FICTION

[美]马克梦 著

王维东、杨彩霞 译
饶联斌 校

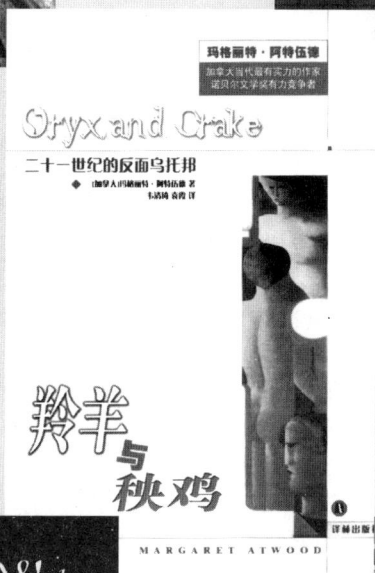

玛格丽特·阿特伍德

加拿大当代最有实力的作家
诺贝尔文学奖有力竞争者

Oryx and Crake

二十一世纪的反面乌托邦

[加拿大]玛格丽特·阿特伍德 著
韦清琦 袁霞 译

羚羊与秧鸡

MARGARET ATWOOD

译林出版社

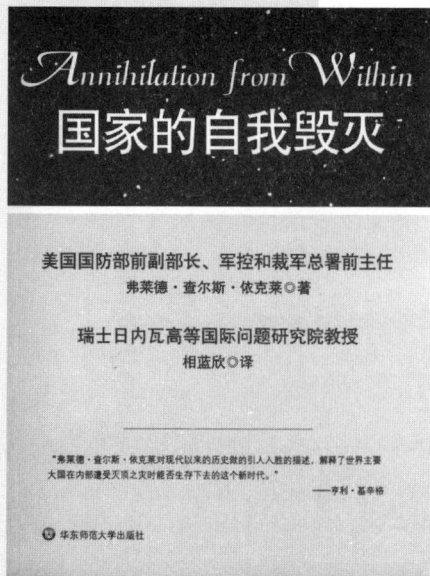

Annihilation from Within

国家的自我毁灭

美国国防部前副部长、军控和裁军总署前主任
弗莱德·查尔斯·依克莱 ◎著

瑞士日内瓦高等国际问题研究院教授
相蓝欣 ◎译

"弗莱德·查尔斯·依克莱对现代以来的历史做的引人入胜的描述,解释了世界主要大国在内部遭受灭顶之灾时能否生存下去的这个新时代。"
——亨利·基辛格

华东师范大学出版社

欧洲风化史
欧洲风化史
欧洲风化史
古罗马风化史
古希腊风化史

8　人在旅途，心念书香

8.1　在汉城搜寻《三国遗事》

这三国不是我们熟悉的"三国"，而是当年朝鲜半岛上新罗、百济、高句丽三个国家的故事。有《三国史记》和《三国遗事》两书，被视为朝鲜古代史书中的双璧。我对《三国遗事》闻名已久，1993年到韩国去开会，就抽空前往汉城各大书店中搜寻此书。但是我连续去了几家书店，包括号称汉城最大的那家，都很失望。原因不是韩国人不重视此书，恰恰相反，恐怕是他们太重视此书了——他们已经将它译成了现代韩文（就像我们这里将古籍译成白话）。几家书店里出售的都是译成现代韩文的版本，而我完全不懂韩文，这样的版本我就没法阅读了。我希望找到的是未经翻译的版本——因为和许多朝鲜古籍一样，《三国遗事》本来是用汉语写成的。

最后，就在我大失所望、准备颓然而返时，却非常意外地在一个不起眼的书架上找到了一种未经翻译的《三国遗事》。精装一厚册，检视我夹在书中的"汉城图书中心"收据可知，售价为9 000韩元，约合当时的人民币90元。

这部《三国遗事》，正文前有韩国学者崔南善写的长达数十页的导读（"解题"），这崔南善也是《三国史记》的整理者。导读是用韩文写的，但因为是非常"学术"的文本，所以其中有许多汉字——在这方面日、韩很相似，都是越"学术"的文本汉字越多。正文后面还附录了12种朝鲜半岛早期历史的原始文献残篇，其中只有第二种《广开土王陵碑》（俗称"好太王碑"——该碑在中国吉林省集安市）是我以前读过的。

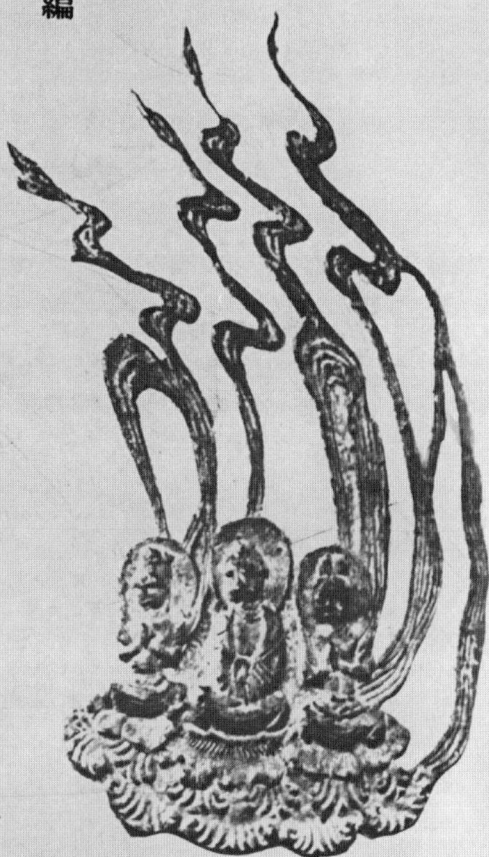

崔南善編

三國遺事

瑞文文化社

《三国遗事》书影

　　《三国遗事》分为五卷，在内容上又分为长短不一的九个部分。卷一包括"王历第一"和"纪异第二"。"王历"类似《史记》中的年表，"纪异"则延伸至卷二的全部，历数历代诸王的种种神异事件——用今天的眼光来看，没有一件不八卦的。卷三包括"兴法第三""塔像第四"和"义解第五"，所言全部是佛教中的神异故事。卷五包括了"神咒第六""感通第七""避隐第八"和"孝善第九"四个部分，"神咒"和"感通"一看就知道是讲各种灵异事件的（很像中国的六朝志怪笔记小说），而"避隐"和"孝善"只有很少几页篇幅。

　　要说《三国遗事》中的八卦情怀，比起中国眼下当年明月等人所写的通俗历史读物来，不知道要浓烈多少倍！我姑且随手举几个例子：

　　"纪异"中第一条就记载开创古朝鲜的君王"坛君王俭"，说他是"桓雄天王"和一只化身为女人的熊交媾而生下的，而且极为长寿——"御国一千五百年"之后成为山神，"寿一千九百八岁"。当然你可以说这是各民族常见的"神话传说"，不足为奇。

　　那么再看"神武大王"，这早就不是"神话传说"时代了。他是一个篡位的君王，篡位前向侠士弓巴许诺：如能助其篡位成功，就迎娶弓巴之女为妃，弓巴于是举兵侵犯京师助其篡位；但神武大王即位后，群臣力言弓巴之女出身寒微，不能为王者妃，大王遂食言。弓巴闻之怨恨不已，乃再次举兵反叛，这时又有一个将军阎长出来，只身前往弓巴军营，将其斩首，于是天下太平……

　　要是觉得这种杀来杀去的故事太血腥，那也有温馨一点的："景文大王"的喜剧故事。景文大王年轻时就是才俊之士，受到老国王赏识，决定招他做驸马，他父母闻之喜出望外，就聚集家人商议：国王有两个女儿，大公主相貌"寒寝"，二公主则极为美貌，于是议定要他选二公主。这时有一个"范教师"悄悄对他说：一定要选大公主，必有好处，切记！第二天老国王让他选公主，他就选了大公主。谁知成婚后不久，老国王突然病危，立马就龙驭上宾了，因为没有子嗣，遗命让大女婿继位，于是他就当上国王啦。

在"避隐"中有一个类似中国"介子推"的故事：孝成王在"潜邸"时，有一天和贤士信忠在柏树下弈棋，他指着柏树向信忠许诺说将来一定不忘记他，信忠起身拜谢。几个月后孝成王即位，封赏功臣，但却没有信忠的份，信忠写了抱怨的歌贴在那棵柏树上，柏树就枯黄了。孝成王看见了树上的歌，自责道：我怎么将他忘了呢？赶紧封了信忠的爵位，那棵柏树竟又回黄转绿了。

如此富有八卦情怀之《三国遗事》出于谁手？出于高丽僧人一然（1206—1289 年），俗名金见明，一然为其字。他 13 岁出家，晚年被推为"国尊"，大受高丽王朝忠烈王的赏识。作为一代名僧，著述颇丰，《三国遗事》是他圆寂前四年（1285 年）完成的，当时他的头衔是"国尊曹溪宗迦智山下麟角寺住持圆镜冲照大禅师"。

8.2　"失而复得"之《曹雪芹扎燕风筝图谱考工志》

因为我主编的《科学史十五讲》在北京大学出版社出版，与北大出版社的工作联系就多了起来。有一次去北京，与编辑室的领导和编辑们见了面，承蒙他们热情招待，其中有一项是赠书——到他们出版社的样书间去自由挑选。我对书的贪欲当然远远胜于美食，当下喜不自胜，就随着两位编辑女士进了样书间。一番"大快朵颐"自不必说，挑了许多好书，编辑艾小姐随手帮我整理好，她说会为我直接寄到家里。

我挑的书中有一部《曹雪芹扎燕风筝图谱考工志》，是汉声编辑室编的，八开线装彩印两大册，印刷装帧极其精美。包装也做得很特殊，硬壳打开就好像是风筝拼起来的，书本身就是工艺品。我怕这书邮寄的话在运输途中万一被野蛮装卸，会遭损坏，就对艾小姐说，这本我自己带回去。谁知这就弄出一场虚惊来。

名家通识讲座书系

□ 江晓原 主编

科学史
十五讲

科学史是沟通自然科学和人文学术的最好的桥梁，
对于培养文理兼通的综合素质，
对于优化人才的知识结构，
有着其他学科无法替代的作用。

北京大学出版社
PEKING UNIVERSITY PRESS

《科学史十五讲》书影

几天后我回上海，因为这部《曹雪芹扎燕风筝图谱考工志》太大，无法放入我的小行李箱，所以我特别找了一个布袋来装它。在机场安全检查时，因我带着电脑，被要求开箱检查，结果我的行李箱被翻得很乱，我忙着收拾行李箱，就将《曹雪芹扎燕风筝图谱考工志》给忘了。等我登机后安放行李，才猛然想起，宝贝书被遗忘在安检处了！

我赶紧找空姐想办法，开始空姐说登机已经结束，按照规定你不能再离开飞机了。我告诉她这是我特别珍爱的珍贵图书，务必请她通融一把，空姐抬起玉腕看了看她那极小巧的坤表，说：你还有4分钟，如果你能够在4分钟之内回来，就没有麻烦。我谢了空姐，赶紧逆行奔往安检处。到那里一看，宝贝书还在桌子上呢，我一把拿到手里，这时安检处的小伙子当然就来过问了。我把情况简要说了一下，小伙子将信将疑，他问我：你怎么能够证明这书是你的呢？我说此刻确实不能，除非你打电话到北大出版社，让他们向你证实，前几天他们确实向我赠送了此书。但问题是，此刻只剩下两分钟了，我哪里来得及等待他的同意？我抓着装书的布袋就往回跑。那小伙子犹豫不决，不知要不要制止我，而我已经又跑进登机通道了。我赶回飞机门口，向空姐扬了扬手中的布袋，空姐报以嫣然一笑。我松了口气，总算又将这宝贝书拿回来了。

这部《曹雪芹扎燕风筝图谱考工志》，顾名思义，当然不会是等闲之物——它的身世扑朔迷离，围绕着它又有许多争议。

在"文革"后期，1973年，出现了《废艺斋集稿》的部分内容，在红学界引起了轰动。当时提供的故事来自北京风筝专家孔祥泽，孔祥泽称：他在1944年曾目睹日本商人金田在中国收购到的据称是曹雪芹佚著的《废艺斋集稿》，并参加了摹抄（用描摹的方式抄出副本）的工作，《废艺斋集稿》中的第二册《南鹞北鸢考工志》专讲风筝的扎糊及图案描绘，他保存了当时摹抄的十六首风筝画诀、扎糊歌诀、序文和附录（残文）。红学家吴恩裕在《文物》杂志这年第二期发表文章，根据孔祥泽的口述及提供的摹抄资料，结合其他资料进行考证，认为《废艺斋集稿》确实是曹雪芹的佚著。

吴恩裕文章的结论，首先在红学界引起了轰动，如果吴说成立，这当然是"二百年来的一次重大发现"（冯其庸语）；其次在更大范围内也是相当轰动的。因为"红学"是"文革"中极少数在政治之外被允许讲论的学问之一（当然离不开政治的巨大影响），而《文物》是"文革"中极少数被允许公开出版的杂志之一（当然也离不开政治的巨大影响，常在前几十页登载政治文章）。那年我18岁，在一家纺织厂当电工，那时我就订阅着《文物》杂志，吴恩裕的文章我也怀着浓厚的兴趣读过，当然只是半懂不懂。

但另一方面，吴说也引起了许多质疑。吴说所依据的材料原件现已下落不明，仅凭孔祥泽的口述及他提供的一小部分摹抄资料，就要论定曹雪芹真有《废艺斋集稿》这样一部佚著，也显得论据很单薄。

对吴说比较严重的质疑，出于陈毓罴、刘世德的文章《曹雪芹佚著辩伪》（直到1978年才发表在《中华文史论丛》第七辑）。除了对孔祥泽所提供的史料来历细节方面的几点质疑之外，考据功夫做得相当到家，例如，针对孔祥泽所提供的《南鹞北鸢考工志》前曹雪芹自序中"是岁除夕，于冒雪而来"一语，陈、刘竟能想到去查阅乾隆二十一年（丙子年，公元1756年）的《晴雨表》，证明这年除夕北京地区没有下雪，"是岁除夕，于冒雪而来"一语不符合事实，故这篇署日期为"丁丑清明前三日"的所谓曹雪芹序，应是后人捏造之作。对于这样的质疑，吴恩裕后来回应说：《晴雨表》只能表明北京城东南角观象台上的雨雪记录，不足以证明那一天在北京西郊也未下雪。

《废艺斋集稿》及其中的《南鹞北鸢考工志》究竟是不是曹雪芹佚著，实际上到现在也无定论，但这并不妨碍出版社做出一本非常漂亮的书。

《曹雪芹扎燕风筝图谱考工志》书影

有费保龄其人，"热衷于风筝制作及放飞"，他于 1963 年在天安门广场放风筝时，认识了孔祥泽，共同的爱好使两人一见如故。在得知孔祥泽藏有《南鹞北鸢考工志》之后，费保龄根据其中的歌诀，绘制了一套精美的风筝图谱。1988 年，这套图谱被台湾汉声的编辑见到，叹为至宝，立即决定编辑出版。汉声看来一点也不怕慢功细活，这书编辑期间，他们的编辑多次远赴北京，与费、孔二人反复琢磨研究，直到 1999 年才完成出版。

这就是这部《曹雪芹扎燕风筝图谱考工志》的由来——我得到的是北京大学出版社与汉声联合出版的大陆版本。其中除了费保龄绘制的图谱，也收入了当年孔祥泽提供的所有摹抄资料，以及有关这些资料真伪争论的综述。故本书不仅是可供把玩欣赏的艺术品，也是关于三十多年前那场公案的参考资料。

不管这部《曹雪芹扎燕风筝图谱考工志》是不是真和曹雪芹有渊源，有这么精美的一部书和他瓜葛在一起，不乏香草喻美人、宝刀配骏马的意味，应该也不会辱没曹雪芹吧？

8.3　异域购书之艳遇种种

异域购书，常有艳遇——当然这艳遇非那艳遇也。

我每到一个异国城市，最感兴趣的不是当地风景名胜，而是它的各种博物馆。访问博物馆，我又有一个嗜好，是购买该馆藏品的指南（*Guide*）。这种指南会逐一登录该馆重要藏品的详细信息，包括作者、年份、尺寸、流传情况、前世今生等，甚至在各展室平面图上逐一标出这些藏品的摆放位置。一般来说，只有那些历史悠久的大型博物馆才会编印出版这样的指南，例如我收集的这类指南中，有罗马梵蒂冈博物馆、法国巴黎奥塞博物馆、法国凡尔赛宫博物馆、德国慕尼黑国家艺术馆，等等。我曾在卢浮宫的书店里四处寻找这样的指南，始终找不到，有一次就向一位卢浮宫的工作人员打听，这位戴着玳瑁边眼

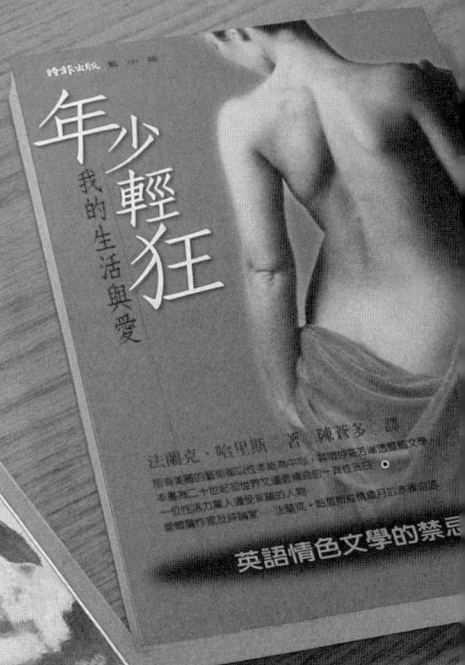

镜的中年女士很自豪地说：我们博物馆这么大，藏品这么多，你说的那种指南怎么编得出来呢？

编不出上述指南时，博物馆往往会编一册该馆藏品的精选集——卢浮宫就有这样一册。这种藏品集也是我喜欢收集的书籍。

却说柏林有一座著名的"色情艺术博物馆"，属私人所有，馆主是一位老太太；而且该馆还有连锁机构——在荷兰阿姆斯特丹也有一座，但规模比柏林的小些。1998年我到柏林去开会，腾出时间遍访柏林各著名博物馆，这"色情艺术博物馆"因为和我研究的性学史有关，自然在必访之列。那时我就希望有一本该博物馆藏品的精选图册，可惜向馆里的工作人员打听之后，知道这样的图册还未编出来。

几年后，有一天和一位美丽非凡的女士在里斯本街上闲逛，路过一家不起眼的书店，我忽然动念要进去看看，入店随意四顾之下，在一个玻璃柜子的最上层，忽见有一册大书单独摆放，封面上的 *The Erotic Museum in Berlin* 字样立刻让我想到柏林的"色情艺术博物馆"和那本我期望中的图册，我喃喃自语道："难道真有人将它编出来了？"

我让服务员小姐将此书取下，一看，果然是专为那座博物馆所编的藏品图册，刚刚出版，而且还是英文的（葡萄牙书店中的书绝大部分是葡文的），我立刻就买下了。在收款装袋时，书店里那两位服务员小姐相互偷偷做了一个鬼脸，但被同行的美丽非凡的女士看在眼里，出店门后，她悄悄对我说，那两位服务员小姐会不会认为我们是不正经之人？我说也可能吧，但这无所谓，关键是好书到手，这才是最重要的。

《柏林色情艺术博物馆藏品集》的编者 Hans-Jurgen Dopp，执教于法兰克福的歌德大学，讲授色情艺术的文化史，同时他本人也是一个色情艺术品的热心收藏者。

这本藏品集收集了 1 000 幅左右柏林色情艺术博物馆的藏品照片，从我在该博物馆参观时留下的印象来判断，这确实包括了该馆绝

The Erotic Museum
in Berlin

Hans-Jürgen Döpp

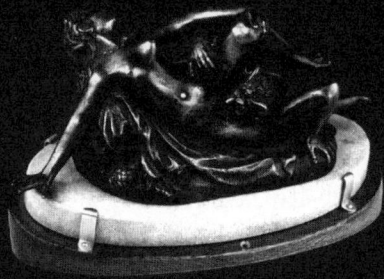

Berlin, once perceived of as a puritan city, became in the 1920's the capital
of lust and the decadence of morals.

It is in this capricious town that an exceptional museum entirely dedicated
to eroticism opened its doors. Abandoning all aspects of voyeurism, the
Erotic Museum in Berlin is a magical place where the imagination of man
and the most refined works of art interact.

This remarkable book is comprised of more than 350 rare illustrations, and
accompanied by a major study written by the history professor,
Hans-Jürgen Döpp. It covers different aspects of erotica throughout time
and continents.

ISBN 1-85995-775-7

9 781859 957752

《柏林色情艺术博物馆藏品
集》书影

大部分比较优秀、比较重要或比较著名的藏品。书中也有相当数量的文字，主要是介绍藏品的有关情况和背景。

这些藏品大致可以有两种分类：

一种是按照艺术品的地域来分：欧洲（占据了最大的部分）、日本和中国、中近东地区、印度、其他地区（数量较少）。

另一种是按照艺术品本身的形式来分：绘画（占据了最大的部分）、工艺品（包括实用的和非实用的，当然也包括了少量的雕塑和浮雕作品）。

为这部藏品集确定入选的藏品之后，怎样将它编成一本像样的书，也不是一件很容易的事情。为了使本书获得某种结构，编者设置了 10 个主题：

1. 愉悦地图

2. 色情艺术还是色情文学

3. 狂欢之梦

4. 色情与愤怒

5. 赏心悦目

6. 寂寞象征

7. 收藏癖的色情根源

8. 索多玛的柏林

9. 否定和肯定——George Grosz 的后期色情作品

10. 万紫千红

入选的藏品被分别归入各个主题之下。这样做法的好处是显而易见的——本书由此获得了某种类似"灵魂"的东西，一部色情画册就此被提升到稍具某种学术意味的层次。

柏林色情艺术博物馆历史并不悠久，作为馆藏基础的藏品，主要是从德国几个著名的色情艺术私人收藏家那里收购来的，这就决定了它的藏品不可能分布均匀，面面俱到。这在这本藏品集里面也有反映，例如，上述第八和第九个主题下的藏品，都集中反映了20世纪20年代柏林的特殊风情——思想前卫、情欲放荡、同性恋等，当时有一批相当有影响的艺术家（上面提到的George Grosz就是其中之一），在绘画和工艺品中大胆表现了这种风情。这方面的作品构成了柏林色情艺术博物馆馆藏的重要部分。

就我个人相对比较熟悉的中国和日本色情艺术品而言，《柏林色情艺术博物馆藏品集》中未能收入著名作者的作品，也没有什么精品。浮世绘春宫图作品中，最著名的几家作品都未出现。中国春宫图的精品也付阙如。藏品集只是收入了一些中国民间的色情工艺品，如"压箱底"——陶瓷烧制的小型性交人像，既可为新婚夫妇指导性交体位，也暗寓祈子之意。另有一些不太精致的、上面有色情艺术装饰的实用工艺品，看上去似乎是以前妓院或类似风月场所中的日常用品。

总的来说，这本《柏林色情艺术博物馆藏品集》中最有价值的部分，还是欧洲的色情绘画和工艺品，特别是那些集中反映20世纪20—30年代欧洲类似"性解放"思潮的作品，具有文化史乃至思想史的价值。

有一阵我在香港城市大学讲学，颇为游手好闲，每天晚饭后就到大型商场"又一城"中的那家"叶壹堂"书店消磨时间，买了许多台湾版的书，诸如《普希金秘密日记》《蒙马特遗书》之类。还有一次在香港另一家书店，见到一册《春梦遗叶》——是海外一位中国春宫图收藏家的藏品画册，也是我久觅不得之物，标价450元港币，我就拿着书前往付款，不料营业员对我说，对不起，这本书我们标价标错了（自然是标少了），我要去请示经理。我只好等他请示完了再说，一会儿营业员回来说，经理指示了，仍按现在的标价售给你。接着他就往陈列橱窗修改标价去了。

异域购书经历给我印象最深刻的，是在日本。

在京都河源町四条一带，有一些旧书店，通常只有一开间门面，店员只是一个老头或老太（很可能就是店主）。有专卖色情文艺（书籍、录像带、唱片等）的书店，有的门口写着"未满十八岁者请勿入内"。我们所住旅馆隔壁就有一家，每天从上午十一点营业到午夜十二点，读者的密度大致与国内一般书店相仿，倒也生意不断。偌大店堂从来只有一个店员支应。稍正规一些的书店，如五条通り上的"都堂书店"，则各种书籍都经营。

真正领略日本书业之繁荣，是在东京神田区。

根据一位日本警察给我的《神田古书店名簿》（日语中"古书"或"中古书"皆旧书之意），当时神田地区共有旧书店136家，每家各有特色。另有神田地区的新书店和出版社30余家。这些书店主要分布在靖国通り（中文可译作"靖国大道"——此大道向西一直通到靖国神社）两侧。堪称鳞次栉比，一家挨着一家。

较大型的新书店，所陈列的图书品种之多，国内书店无法望其项背——因日本书店无论大小新旧，每种图书都只陈列一册，顾客每买走一种，店员立刻去添上。不像国内大型书店一种书总是陈列十数册甚至数十册，结果同样的营业面积，所陈列的图书品种不及国外的十分之一；而且这样一来，某种图书售罄，店员也往往不知立刻去添补。书店的管理水准，通过这一问题高下立判。

我在神田花了两天时间，大约转了五六十家新旧书店。日本的书价，与日本一般人的收入（大约是上海的十倍）相比，实在是很便宜的。如果考虑到印刷和装帧的精良，以及国内近年书价的大幅上涨，有些书的绝对价钱也已经与国内持平。

靖国通り两侧更多的是旧书店。各家的经营品种各有侧重。旧书店多数规模较小，但亦有气势不凡者。如一诚堂书店，专卖西文书（日本人称为"洋书"），店堂宽敞高雅，楼上楼下，但见四壁图书满架，间有大幅油画装饰，始终回荡着轻轻的西方古典乐曲，营造出一派"西化"氛围，购书环境极好。有店员五六人，这在旧书店可算规模很大了。书柜陈列有二百年前的全套不列颠百科全书，特别标明"请勿触摸"，标价65万日元（当时约合人民币4万6千元）。

又如一家专营浮世绘的书店（可能是原书房，未能确记，因专营浮世绘的书店有好几家），楼上专辟一间净室，窗明几净，且有一张很大的书案，供顾客展阅所陈列的大型浮世绘作品之用。更兼室中由一位文静而美丽的小姐打理，购物环境可称绝佳。特别引人注目的是，室中另有一列橱柜，标明："本柜所陈列图书为参考书，不供出售。顾客如欲阅览，请征得店员之同意。"我出于好奇，征得小姐同意，将柜中图书搬出浏览了一通。原来那店主因为经营浮世绘，已经进而向浮世绘研究者发展，几乎一切与浮世绘有关的书籍——甚至仅仅是形式上有关，例如现代人创作的以历史上某浮世绘画师为主人公的小说、戏剧之类——都在收集之列了。

爱书之人，如有机会前往异域，通常都会以购书为乐事之一。不过在这个问题上，我的认识也有一个演进的过程。20世纪80年代初次出国时，因中国人还不富裕，我辈书生，常感囊中羞涩，见到好书，经常是犹豫再三，仍旧无法出手。进入90年代之后，囊中羞涩的问题逐渐解决，这时我对在异域购书有了一种理论，用来为自己的购书行为提供理由：

由于异域的书价通常仍较国内为贵，这些你看中的好书，是不是值得购买呢？这时我认为应该考虑机会成本——假定这本书你在国内无法买到（或至少估计在相当一段时间内无法买到），那你要是千里迢迢到此处——比如说里斯本——来买，需要多大的成本啊？如果一本书在国内绝对买不到，那你如果不出国，它的机会成本就是无穷大；现在有人为你买单，已经将你请到此处了，这方面的成本已经等于零了，书价贵一点，"又何爱焉"（又有什么舍不得的呢）？这样一想，掏钱就很爽快了。

这种理论对我非常有用，至少它经常为我免除遗憾，并带来快感——当年因为囊中羞涩或因为掏钱犹豫，与有些好书失之交臂，回国后经常会遗憾；而现在勇于将自己喜欢的书买回来，到家后细细品味，击节赞叹之余，就经常会为自己能在异国远方将好书买回而快乐啦。对爱书之人来说，此一憾一快之间，岂非出入甚大？

9　那些人，那些事

9.1　戈革

我与戈革先生成为忘年交，最初也来自共同的阅读兴趣。

在北京念研究生的时候，和我同屋的是许良英先生的弟子熊伟。一日熊伟对我说："许先生告诉我戈革先生学问大，让我经常去请益，但是我每次去了，戈先生不和我谈物理学史，也不叫我读别的书，总是推荐我读金庸小说，这真奇怪。"我那时尚非金迷，但整天乱读杂书，恰好在《中国石油大学学报》上读到戈革先生一篇论文，是对国内某物理学史名家进行商榷的，文中嬉笑怒骂，庄谐并陈，和我当时看到的"学术论文"大相径庭。例如，文章中竟会出现这样的句子："真正 wonderful 也！"——这句话后来被熊伟学着到处用。我有个良好习惯，读到好书好文就会记住作者。现在一听他又有如此行止，不觉心向往之，于是有一天和熊伟一起去拜访了戈革先生，是为我们相识之始。

初次见面，相谈甚欢。所谈内容已不能记忆，只记得我们谈到了香艳诗词，因为据熊伟后来告诉我，戈革先生事后对他说："这个江晓原倒有些意思——他居然说自己喜欢香艳诗词。"前辈高人判断人物，常有见微知著之法，喜欢香艳诗词的，本来大有人在，只是人们通常不好意思赤裸裸说出来，而我却不辞坦然自陈。

科学历史剧

哥本哈根

——海森伯与玻尔的一次会面

（英）迈克尔·弗雷恩 著 戈革 译　　　　　上海科学技术出版社

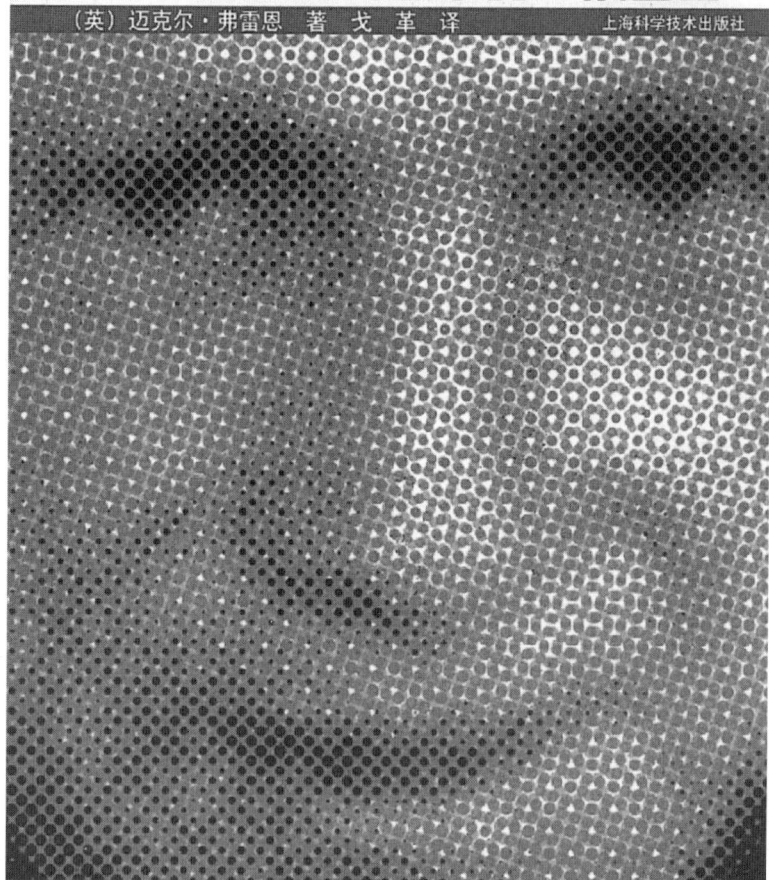

《哥本哈根》书影

从此就开始和戈革先生的忘年之交了。我成了他家中的常客。我每次到他那里去，从来不谈天文学史（我的专业）或物理学史（他的专业），我们只谈旧诗词、武侠小说、金庸、篆刻、书法、名人轶事，等等，总而言之，不谈任何科学史。不过，当他翻译的《玻尔集》开始陆续出版时，应我的要求，他每册都题赠给我，如果这算是涉及了物理学史的话，那或许就是我们交往中唯一的例外了。

戈革是天生有才情的，所作诗词极有风格。例如他步冯延巳原韵的十四首鹊踏枝（即蝶恋花），旖旎多情，缠绵悱恻，我以为与冯作相比，犹有过之。十四首前后若断若续，背后似乎有一个美丽哀艳的爱情故事——曾问过他有无本事，他笑而不答。关于戈革填词的鲜明个人风格，可以举一个真实的故事来说明：

自与他成为谈诗论文之交后，因我非常喜爱其作品，他每有新作，常会抄了寄给我——后来我回到上海工作，不能经常去他那里了，所以只好书信往来。有一天太太在摘菜，我恰好在把玩宋词，吟哦了几首之后，我又随意念了一首桌上戈革刚寄来的新作，太太忽然在厨房里说："这首是谁的？好像没见过，倒像是戈革的。"我一听，跳起来说，正是他的！我们立刻意识到，这绝非巧合，而是戈词有鲜明个人风格的缘故。我立即将这一幕写信告诉戈革，他回信很高兴，又有了新作——喜遇知音，不免感慨溢美一番，有"博士敲词，美人摘菜，平章竟到骊黄外。千秋不见汉衣冠，画眉旧韵添新态"之句，也可算是小小佳话矣。

从戈革叫研究生读金庸，到他作《金人谱》，读者应该知道他必然是个"超级金迷"。作为"金迷"的戈革，也是不同凡响。

认识戈革时，我尚非金迷，我之成为金迷，原因不在戈革而在金庸——实在是他的小说太吸引人了。自我成金迷之后，每次与戈革晤谈，必谈金庸。我从他那里借了倪匡的《我看金庸小说》《再看金庸小说》《三看金庸小说》《十看金庸小说》……快读一过，特别记得倪匡利用为金庸短期代笔写《天龙八部》连载时将阿紫"谋杀"，和他

"常为张彻编剧本，曾代金庸写小说"的自述对联。

戈革对金庸有许多高见。最惊人的见解之一是，如果让他在金庸小说所塑造的女性角色中选择爱人，他竟愿意选康敏——段正淳昔日的情人之一、丐帮副帮主马大元的夫人，这可是金庸小说中最为心肠狠毒的女人之一！其见解之特异，由此可见一斑。我一直建议他写出来。

等我开始带研究生时，已经可以厕身于"资深金迷"之列。这时我才意识到当年戈革只管叫那同学看金庸小说，实在是对该同学大大的爱护！如今我也经常建议研究生们去读读金庸小说。

1986 年，我修完了博士的全部课程，进入论文阶段，开始经常住在上海了，有一天却接到他的来信，告诉我他已经动笔写这本我一直在期待的书了，书名取作《挑灯看剑话金庸》。我听了非常兴奋，立刻做了两首绝句祝贺，不久他回信抄示"步韵谢江晓原博士宠题拙稿《挑灯看剑话金庸》二首"，其一云："自翻新样论英雄，天理人情若个通，别有悲欢话兴废，肯将才地谢凡庸？"对此书的自信跃然纸上。

书稿完成后，我是此书的第一个读者——比责任编辑还先读。然而此书的出版却是好事多磨。最初是应科学出版社之约而写的，但戈革先生对于该社外聘的责任编辑改动他的书稿十分不满，出版之事就搁置下来。此后十几年间，这部书稿辗转于海峡两岸多个出版社，包括我为它寻找的几个出版社，一听有这样一部稿子，开始都很兴奋，可是看了书稿之后却都敬谢不敏了。近闻《挑灯看剑话金庸》终于被中华书局接受，出版有日，也算差可告慰作者于泉下矣。

戈革先生曾表示，他平生各种学问之中，有两门可以带研究生：一是物理学史，二是篆刻。篆刻一道，他自云绝无师承，是真正的无师自通。古今印人之中，他佩服的只有吴昌硕。虽然他未被篆刻界"承认"或跻身"篆刻名家"之列，然而有比较才有鉴别，将戈革先

挑灯看剑话金庸

戈革

著

中华书局

《挑灯看剑话金庸》书影

生的篆刻作品与时下某些所谓"篆刻名家"的作品一比，立见前者意蕴深远，古雅灵动，后者则匠气袭人，了无意趣。

我以前也曾从事篆刻，当然是没有师承的野狐禅，只是读过一些前人印谱，通过实践体会体会奏刀的感觉而已。自从与戈革先生相交，见识了他的篆刻作品，顿时爽然自失，从此不再奏刀了。

然而不再奏刀却成了我的福分。我以前也附庸风雅自刻名章、闲章、藏书印之类，如今把玩旧作，自惭形秽，感觉再无一方堪用的了。谁知此时却"少年盛气消磨尽，自有楼船接引来"——有戈革先生赐印了！戈革先生为我治了名章，更有藏书印"江郎长物"、闲章"二化斋"（朱文白文各一）、"双希堂""有心受苦""无力回天""神游天人之际"等多枚，又泽及内人和小女，各赐名章。有一次他托许良英先生的弟子屈儆诚将一包他为我治的印带给我，屈非常嫉妒地问我："我们平时向戈先生求一印都极难，江晓原你何德何能，戈先生竟一次给你治这么多印？"我嘴上只好说是运气好，心里知道这是因为被戈革先生引为知音之故。二十年来，这些印人见人爱，其中"江郎长物"和白文"二化斋"是我最常用的两方，许多朋友都很熟悉，也曾多次见诸媒体。

戈革先生"印业"中最大的事功，是他作为超级金迷，发愿为金庸15部武侠小说中的人物制作印谱——凡1 200余人，共1 600余印（重要人物不止一印，还有题名等章）。这部《金庸小说人物印谱》堪称鸿篇巨制，更是"自翻新样论英雄"的特殊样式。印谱完成之后，戈革先生制成印拓十余部，承他不弃，本人获赠一部。遗憾的是，《金庸小说人物印谱》的出版，十多年来也是命途多舛，迄今尚在等待。

9.2　书痴L

十几年前的某一天，有人打电话给我，自报家门说他是L，因为

诺贝尔奖得主科学丛书

真该早些惹怒你

I WISH I'D MADE YOU ANGRY EARLIER

关于科学、科学家和人性的随笔

〔英〕 马克斯·F·佩鲁茨 著

张春美 译

陶家祥 校

上海科学技术出版社

《真该早些惹怒你》书影

在书店里见了我写的书《性张力下的中国人》，想带一本与我那书所写主题有关的"有趣的书"来给我看。我想与他素昧平生，不知道他是何等样人，一时不敢请他到寒舍来，就推说过些时候吧。

此后一段时间，L常给我打电话。我又出版了什么书、又在哪些刊物上发表了什么文章，他竟然都知道，可见他经常阅读大量报纸杂志，很可能还经常逛书店。终于，他又提出带书到我家来给我看的要求。这时我们已经在电话里交往了一段时间，我相信他不会是坏人，也不会是那种要惹麻烦的人，就请他光临寒舍。

L当时大约四十来岁，望之面黄肌瘦，颇为憔悴，长相谈不上英俊，甚至可以说是有点其貌不扬。我们第一次见面，他带了一本台湾新出版的《秘戏图大观》来。是通过图书进出口公司买的，价值5 000元人民币。他说他刚好炒股赚了一笔，这钱来得容易，花起来也就容易。我从有关资料上见到过此书在台湾的售价，知道L的说法并无夸大。这次见面我们交流了许多关于找书、聚书的心得，相谈甚欢。

此后我们常通电话，交流关于书的信息。L认识许多国营书店的经理和私营书店的老板，他喜欢在书店里给我打电话，告诉我又有什么新书出现了——他知道哪些书我会感兴趣。如果我需要，他会帮我将书弄来，通常是有折扣的。有时他带着一包书到寒斋来，里面是些不常见的书，我想要就付钱留下。有时他也问我一些书的问题，比如某书有没有价值之类。有时我有久觅不得的书，就托他帮我寻觅，他往往能够觅到。

与L交往一段时间之后，我开始产生疑问：他几乎天天泡在各种书店里，那他还上不上班？靠什么维生？随着交往的增多，我陆陆续续从他本人和一些私营书店老板那里听到若干关于他的故事。

据说他从7岁起就养成了逛书店的嗜好，就此作下了病根——不逛书店就难过。他在一家广告公司工作，工作不很稳定，有时好像在下岗状态中。他每天逛书店，也时常逛逛股市，炒一把，据说成绩不错。算不上有钱，但似乎并不缺买书的钱。他买书可不是什么公款消费，都是自己掏钱的。他喜欢收集文史方面的书籍，迄今已经藏书万余册——很可能更多，因为他家里地方不宽敞，很多书都堆在一起，真要彻底清点一次也殊非易事。他买的很多书他都会读一读，至少披阅浏览一个大概。他不是那种有商业目的的藏书家，基本上，他属于叶灵凤所说的"爱书家"。

L订阅大量与书和出版有关的报纸杂志，对书界的动态、热点都能及时了解，许多书的作者、译者、出版社、版本等情况，他都了如指掌。现在有些出版社（也可能是盗版书商），经常重复出版某些书籍，书名还不同，他一见就会说：这就是什么什么出版社已经出过的某某书嘛。他还热衷于和各种出版社联系，有时甚至义务帮助书店联系进货——目的只是他自己能够买到那本书。有时他在店堂里，热心地向顾客推荐和讲解书籍，使人误以为他是书店里的员工。他还有一些和他有同好的朋友，经常互相交流、讲论有关藏书的事务。

《聊斋志异》卷十一有一篇《书痴》，其人痴得可爱，后来还在书中遇到了一个姓颜名如玉的仙女美人（蒲松龄老夫子300多年前就会这种"后现代"的调调了），并娶她为妻。我一直以为书痴只会存在于作家笔下，"文学形象"嘛。直到遇见了L数年之后，我才终于相信，世间确实有真正的书痴。

L既不治学术，也不是自由撰稿人，因此他所聚的那些书，对他的谋生几乎没有任何直接帮助。据我看来，他买书、聚书、谈书，纯粹只为享受其中的过程。当他在书店里给我打电话谈新书时，当他义务向顾客推荐介绍好书时，当他与一帮藏书朋友相互玩赏各自收集的佳品时，他无疑享受着极大的快感。这种快感足以使他愿意付出相当高昂的代价——他的生活质量，在世俗之人眼中看来，是相当糟糕的。当然他自己并不这样认为。

L至今未婚。他对我说，很少有女子喜欢他这样的人。

现在有很多女子经常宣称自己"爱读书""爱文学"，她们哪里是真爱呢？她们真爱的是钱——当然她们不肯这样直说，而是用一些好听的话语来表达，比如要求男友"事业有成"。而像 L 这样的人，才是真正爱书之人——他的爱是毫无功利的。他因为爱书，已经在相当程度上妨碍了他的正常生活，可是他确实在书中得到了快乐。也许很多人会觉得他爱得有点过头了，但就是爱过了头，他也过头得真诚、过头得可爱啊。

第一次见到 L 时，他憔悴的容颜立刻使我想起李煜"一旦归为臣虏，沈腰潘鬓消磨"之句。后来我发现这种联想竟还真是有些道理的——他其实就是书（或对书的爱）的臣虏，只不过他这个臣虏又是"此间乐，不思蜀也"，心甘情愿为书消得人憔悴的。

我真希望，在茫茫人海之中，还有一个和他天生一对的女书痴，在什么地方等着他。

9.3　周雁

最初认识周雁，是刘兵介绍的，说有一位非常优秀的编辑想认识你。初次见面，我们谈了一些书籍方面的话题，当时她正想做科学史方面的选题。虽然当时讨论的选题后来并未实施，但周雁给我留下了很好的印象。我感到，这是一个爱书之人。此后我们见过好多次面，她还到寒斋来做过客，我们每次相处都很愉快。

我们开始业务上的合作是为了《南腔北调集》——此事说来有点话长。

从 2003 年开始，我和刘兵在《文汇读书周报》上开设了一个对话专栏，取名"南腔北调"，因为他是北方人，我是南方人，而且我们两人同在 1999 年从中国科学院系统调出，他去了清华，我去了上海交大，又正好是一南一北。这个"南腔北调"专栏至今还在继续着，已经整整四个年头了。我们每月谈一次，主题集中在当代"两种

江晓原 刘 兵 著

南腔北调

南腔北调 科学与文化之关系的对话

北京大学出版社
PEKING UNIVERSITY PRESS

《南腔北调集》书影

文化"的冲突。

我们采用真正的对谈——我写一段传给他，他再加一段传给我，我再加一段……如此循环往复，直至成篇。因为在写自己这一段时，你并不知道对方的下一段会说些什么，这样就保持一种不确定性。我们很喜欢这种方式。

在我们的"南腔北调"专栏开始不久，周雁就注意到了，她来找我，说要将专栏中的文章出集子。我和刘兵都同意，就初步定了下来。但当时我们已有的文字还不足以构成一本小书，所以约定再继续对谈一段时间，等文字积累到 10 万字左右时出书，书名当时就定为《南腔北调集》。那时周雁仿佛已有先见之明，她叮嘱道："不能给别人的哦。"

随着我们的对谈继续进行，逐渐引起了人们的注意，"别人"果然次第出现了，其中最有共同语言的是江苏人民出版社的副总编刘卫。他也有意将我们的"南腔北调"专栏出集子。当时已经传来周雁得病的消息，但我们都以为那很快就会好的，我们对刘卫说了先前已经答应给别人了，刘卫很理解。后来周雁给我来伊媚尔，感谢我的"仗义"，并说她还是要做这本集子。

但是再往后，关于周雁病情的消息越来越不好了，我和刘兵都隐隐感到，她恐怕不能做这本《南腔北调集》了。出于一种奇怪的心理，我们两人谈到这个集子时，很长时间都不愿意将这种顾虑明说出来。我们只是继续着我们的对谈。

当我们的对谈正好进行到两周年的那个月，周雁真的离开我们了。

此后，每次和刘兵在网上对谈时，我都会想到周雁。我相信，在那个世界里，书香仍会常伴周雁左右。将来的某一天，她会看到《南腔北调集》的——我保证，我要将这篇文字收入其中，聊表对她的纪念。

后来，这一天真的到来了。

2007 年，"南腔北调"前 4 年的结集由北京大学出版社出版，即《南腔北调——科学与文化之关系的对话》，书中作为"代跋"，收进了上面这篇回忆周雁的文字。

现在，"南腔北调"的第二本结集又已经交给北京大学出版社了，书名是《南腔北调二集——温柔地清算科学主义》。它仍然会让我和刘兵想起周雁。

尾 声

书房对我来说，既是工作的办公室，又是和朋友聊天、接受媒体采访的会客室，甚至也是我的影音室。我工作于斯，学习于斯，休息于斯。

虽然我已经努力约束着自己对书的贪欲，但是由于书和影碟越来越多，我又不愿意将书放在别处，所以书和碟已经逐渐"侵占"了家中每一个房间——卧室、客厅、过道、玄关等处，都次第做起了书架或碟架。学历史建筑保护的女儿已经以行家自居，她评价说我们家最美观的"空间"（这是搞建筑设计的人用的术语）是装置了书架和碟架的过道，这让我稍感安慰。女儿出国后，她的房间已经成为"第二书房"，里面图书满壁——我将那些比较好玩的图书放在那里。

现在我最喜欢的日子，是能够一整天都不用出门忙碌，能够一整天都在书房里消磨时间。

现在我经常念叨的两句话是：

有书真富贵，无事小神仙
清静最难

江晓原为《城市画报》推荐的2008年阅读书目

有关科学

1. 《娱乐至死》，广西师范大学出版社，2004
2. 《牛顿传记五种》，商务印书馆，2007
3. 《利维坦与空气泵》，上海人民出版社，2008
4. 《寂静的春天》，上海译文出版社，2007
5. 《有限地球时代的怀疑论——未来世界是垃圾做的吗》，科学出版社，2007
6. 《崩溃——社会如何选择成败兴亡》，上海译文出版社，2008
7. 《社会生物学：新的综合》，北京理工大学出版社，2008

小说

8. 《未央歌》，黄山书社，2008
9. 《我们》，江苏人民出版社，2005
10. 《三体Ⅱ·黑暗森林》（"地球往事"三部曲之二），重庆出版社，2008
11. 《蚁生》，福建人民出版社，2007
12. 《克莱顿经典·纪念版》（全5种），译林出版社，2008
13. 《卫斯理回忆录》（全7册），皇冠文化出版有限公司（台湾），2006

古典与历史

14. 《丧家犬》，山西人民出版社，2008
15. 《唐宋人选唐宋词》，上海古籍出版社，2004
16. 《罗马帝国衰亡史》（全6册），吉林出版集团有限责任公司，2008
17. 《西洋色情文学史》，城邦文化事业股份有限公司（台湾），2003
18. *75 Years of the Oscar: The official History of the Academy Awards*（奥斯卡75年：学院奖之官方历史），Abbeville Press，2003
19. 《丽莉·布瑞斯珂的中国眼睛》，上海书店出版社，2008
20. 《香格里拉围城——张宽自选集》，江西教育出版社，2008

——江晓原：私人图书馆里的无界限阅读

《崩溃》书影

《三体Ⅱ·黑暗森林》书影

《剑桥科学史》书影

《后天》海报

后 记

　　写一本关于书房的书，这个创意最初出自上海交通大学出版社的韩建民社长，我觉得很有意思，就答应了。现在书稿已经完成，是不是真的有意思，就只能让读者来评判了。

　　我首先要感谢吴燕小姐，她对我作了多次访谈，并在此基础上整理出了本书的初稿，为此付出了辛勤劳动。

　　我还要特别感谢编辑吴芸茜女士，她为本书的文字编辑、图片插入、版面设计等做了非常细心的工作，使本书能以赏心悦目的形象与读者见面。

　　特别说明一点：

　　本书中出现的所有书影，皆与本人有关——或者是本人自己写作、翻译、主编的书，或者是本人曾经在媒体上发表过评论的书。本书中出现的电影海报，也都是本人曾经在媒体上发表过影评的电影。

　　关于本人已经出版的书籍一览，关于在本书中出现书影的书籍的书评，以及在本书中出现海报的电影的影评，都可以在本人博客上找到：

　　本人新浪博客：http://blog.sina.com.cn/jiangxiaoyuan
　　本人网易博客：http://professorjiang.blog.163.com

江晓原

2009 年 12 月 8 日

于自己的书房中